COLLECTION POÉSIE

PATRICE
DE LA TOUR DU PIN

La Quête de Joie

SUIVI DE

Petite Somme de poésie

PRÉFACE DE
MAURICE CHAMPAGNE

nrf

GALLIMARD

PRÉFACE

« Tout homme est une histoire sacrée »

Ce qui intéresse Patrice de La Tour du Pin dans l'acte de poésie, ce n'est pas le génie de l'incantation, mais l'apprentissage de sa vérité intérieure. « Notre base n'est pas la poésie, notre base est l'homme... Que deviendrait le chant loin des hommes, que signifie le plan propre à la poésie? à quoi sert-il de s'aventurer sur le prétendu plan de l'art pur, sinon pour acquérir certaines richesses techniques et pour explorer sans vraiment coloniser? que veut dire cette pureté? Vous qualifiez les domaines avec des termes qui ne conviennent qu'aux âmes ; et l'amour inclinera vers le froid... Quoi que vous fassiez dans votre œuvre, vous vous faites vous-mêmes. Vous avez tracé des allées intérieures où vous vous êtes engagés... Quoi que vous fassiez, vous aurez appliqué ces heures de votre vie, vous aurez noué des mouvements pour une fin humaine, et vous aurez nuancé votre éternel... » Ainsi parle Lorenquin, un des maîtres d'âme que Patrice a créés, pour dire à ses « quêteurs de Joie » et à tous les chercheurs de vie que la poésie est une fonction de la vie intérieure. Reprenant ce message, sur un mode moins intellectuel, il dira dans ce vers fameux du Jeu du Seul :

« Je suis l'oiseleur qui a piégé dans l'âme. »

Ne peuvent entrer dans sa poésie, profondément, que d'autres oiseleurs, que d'autres amateurs d'âmes. C'est à eux qu'il a promis une Somme de Poésie, *qui serait faite des « trois plus grands jeux du monde » :* Le Jeu de l'Homme devant lui-même, Le Jeu de l'Homme devant le Monde, Le Jeu de l'Homme devant Dieu. *(Il a réalisé les deux premiers, parus sous le titre* Une Somme de Poésie *(1946) et* Le Second Jeu *(1959), et la première partie du troisième,* Le Petit Théâtre Crépusculaire *(1962).) De cette œuvre ambitieuse,* La Quête de Joie *(1933) demeure l'épisode le plus important, parce qu'elle en est l'étonnante genèse.*

Lorsqu'il écrit La Quête de Joie, *il a dix-neuf ans. Sa vie se présente à lui comme un jeu. Il dit souvent, « une grâce ». Tout lui semble donné par surcroît. Le Bignon-Mirabeau, le château familial où il a passé le meilleur de son enfance et de son adolescence, est à sa disposition. C'est là, dans « un obscur et bas pays troué de chapelets d'étangs », qu'il a développé son goût de la « vie recluse » et « l'attirance presque physique de la sauvagine ». Il sait que la poésie sera son métier et que sa* Quête *n'est qu'un fragment de la* Somme *dont il rêve. L'amitié tient une place essentielle dans sa vie, mais la solitude le passionne. S'il doit se marier, cela viendra en son temps, pense-t-il. S'il doit entrer dans les Ordres, Dieu l'appellera à sa façon. Car il croit et sait que tout vient de Dieu, que nous sommes dans la main de Dieu. Sa foi est la source vivante de sa sérénité, mais en même temps d'une grande inquiétude, car elle le rend responsable. Responsable d'un poids de richesses humaines et de grâces. Il a « peur d'être le jeune homme riche qui habite ses seules propriétés sans en sortir, aussi bien celles de l'esprit que de la terre ». « Pourquoi m'avoir donné tant de grâces, Seigneur? il faudra bien que j'en réponde... J'ai l'angoisse d'être trop heureux au milieu des misérables...* », *s'exclame-t-il dans ses* Psaumes. *Et par-dessus sa responsabilité personnelle, il y a sa responsabilité de poète, d'intellectuel chrétien, engagé dans la communauté. Comment dire Dieu aux autres, sans le déformer? Sans le réduire à un beau sujet poétique. Comment dire Dieu en Lui-même, pour Lui-même, par Lui-même, pour que sa poésie soit une communion? Et surtout, comment le dire avec son intelligence? Il y a un Valéry en Patrice, mais un Valéry résolument tourné vers Dieu, charnellement habité de ces questions et de cette angoisse. S'étant détaché intérieurement de la vie qui est jeu, il ira jusqu'à dire :* « *La terre était moins triste avant votre naissance, Seigneur.* » *Pour compenser son surcroît de bonheur, pour équilibrer la part de jeu d'une part d'angoisse, il va développer une structure mentale ambivalente, dont dépendra toute l'évolution de sa poésie. Tout ce qui est jeu, spontanéité, instinct, nature, en lui, Patrice va l'éprouver en le soumettant sans cesse à l'objectivation de la raison froide. L'antithèse de la légende sauvage et de l'histoire d'Ullin, sur laquelle repose* La Quête de Joie, *sera la première expression de cette structure, la légende sauvage symbolisant l'expérience du moi créateur et solitaire, l'histoire d'Ullin dénonçant ce moi pour le tourner vers* « *des mondes à peine explorés* ». *C'est le premier piège que l'oiseleur tend à son âme.*

Pour jouer le jeu sauvage avec ses premières créatures, Patrice prend chair d'une sauvagine et lui donne ce nom qui est en lui-même toute sa poésie :

« ...Je suis un ENFANT DE SEPTEMBRE,
Moi-même, par le cœur, la fièvre et l'esprit,
Et la brûlante volupté de tous mes membres,
Et le désir que j'ai de courir dans la nuit
Sauvage, ayant quitté l'étouffement des chambres. »

Puis, c'est tout le paysage de la légende qui devient ce moi, il lui a minutieusement donné la configuration de son âme.

« J'ai des bas-fonds aussi, farouches et secrets,
Des basses régions que des brouillards de rêve
Isolent dans la paix fiévreuse des marais...
Des pentes d'ombre et de hauts gagnages déserts... »

Ces « hauts gagnages », qui sont les cimes de l'âme, servent de repaire aux Anges Sauvages, des « mâles solitaires » repoussés des cieux par l'orgueil et la lâcheté » pour avoir péché en esprit. Les « bas-fonds » sont au contraire des marais sacrés, faits des vases originelles « où les vies prennent corps », où la poésie monte à même la chaleur de l'eau créatrice ; ils servent de refuge aux Enfants Sauvages (Enfants de Septembre, sauvagines), les oiseaux de la migration intérieure. Réunis par le thème de l'appel tentateur, le Prélude *et* Les Enfants de Septembre *introduisent ces deux types de créatures sauvages et forment le premier diptyque de la légende. Dans* La Traque, *le poète Enfant de Septembre devient amoureux d'une sauvagine égarée, pour la protéger de la tentation des « mâles solitaires ». Mais la petite sauvagine cède à la tentation et va connaître la mort « dans les plus solitaires régions de l'âme »; c'est le sujet de* L'Appel *et des* Anges Sauvages, *le diptyque final de la légende. L'auteur de ce drame est*

« ... le Prince Ullin, dont le cœur est désert,
Fascinant par les nuits du démon de soi-même,
Un phare prodigieux sur la haute mer. »

Ullin est le maître incontesté de La Quête de Joie. *Son histoire se développe en parallèle à la légende sauvage. Plus de la moitié des poèmes de la* Quête *sont dominés par sa présence ou inspirés de son enseignement.* La Ville, L'Apparition d'Ullin, Le Tombeau d'Ullin *et* Ullin Roi, *présentent le personnage et sa science d'une manière systématique. Charnellement intégré à la légende, il tient son nom « d'un cri de bête » et prend habituellement la forme d'une bête, d'un mystérieux « oiseau du froid »; il revêt souvent une forme humaine fantomatique, qui circule « feux éteints » « comme un receleur de stupéfiants », ou devient « phare », pour s'opposer aux « torches » qui symbolisent le feu poétique, et même « astre ». Sa science est moins diversifiée. Elle repose sur « la méthode du froid de l'âme », qui ressemble à s'y confondre à la contemplation poétique ou mystique, mais ses objectifs en diffèrent essentiellement. Elle enseigne à se faire « nature morte », à vivre la vie en « spectateur... sans prendre part, à renoncer à toute flamme, aux communions, aux désirs... », à « tout abandonner pour la volupté de soi-même »... En soi cette science est sans conséquence, elle ne trouve pas de développement dans la* Quête. *Sa véritable fonction est de servir d'assise à la doctrine de l'antipoésie. Ullin promet la science de la vie et de la mort au poète Enfant de Septembre, à condition qu'il renonce à sa poésie :*

« Il faut abandonner la brume du poème :
Ma règle ne veut pas de ces concessions
Qui servent à masquer l'impuissance suprême.

Dans les cieux interdits par la damnation,
Je vous enseignerai les forces et les causes,
Le rythme de la mort et des tentations. »

A entendre ce message, qui revient comme un leitmotiv tout au long de la Quête, *on croirait que le rôle d'Ullin est d'opposer la connaissance à la poésie. Ce n'est qu'une apparence, car pour Patrice, poésie et connaissance ne s'opposent pas. Dans* Légende, *sans doute le poème le plus pur de la* Quête, *il se fait annoncer à « sa petite fée Ile », symbole de l'amour du moi créateur et solitaire, comme le « prophète et le prince », qui « voudrait voir dans ses yeux l'énigme d'un regard de pure connaissance ». La tentation sauvage est une tentation de connaissance, les Anges Sauvages sont les envoyés d'Ullin. Et plus encore, la poésie est connaissance, Lorenquin est formel là-dessus : « Pour dire ce que vous avez à dire et pour assembler les parcelles qui vous paraissent préférables, tant au point de vue de la vérité que de la beauté, il faut vous connaître, c'est-à-dire aller jusqu'à ce point de solitude... jusqu'au jeu de l'âme avec elle-même... y aller par la méditation et surtout par l'acte de poésie qui est votre ordinaire démarche spirituelle. » Si donc poésie et connaissance ne s'opposent pas, pourquoi Ullin se sert-il de l'une pour dénoncer l'autre? et pourquoi cette dénonciation? L'appel à l'amour qui remplace les messages d'Ullin à la fin de la* Quête *constitue sans doute une réponse, mais elle ne fait que rendre le rôle d'Ullin plus énigmatique. Pour comprendre ce rôle et toute la symbolique sauvage, la critique dispose d'une explication que Patrice a donnée dans « La Lettre aux Confidents »* [1] *et sur laquelle il s'est toujours appuyé en me parlant de sa poésie. En laissant la* Quête *« se retourner en lui », il est arrivé à en découvrir les « cellules-mères ». Ce ne sont pas en soi des germes poétiques, mais des fonctions de la vie intérieure, qui engendrent une construction spirituelle que l'acte de poésie ne fait que transposer symboliquement. De trois de ces fonctions, il a fait ses « races d'Enfants » : les Paradisiers, les Sauvages, les Chanteurs ; de la quatrième il a fait Ullin.*

1. Parue dans *Poètes d'Aujourd'hui*, Seghers, 1961.

On peut se représenter cette construction comme une croix, dont les bras seraient formés par les quatre races. A l'extrémité verticale supérieure, sur les « cimes » de l'âme, les Paradisiers assument le mouvement vers Dieu, la tendance à l'absolu, le pouvoir de sublimation et surtout la sortie de soi. Dans la légende sauvage, ils sont remplacés par les Anges Sauvages, Paradisiers introvertis par le péché d'esprit. Pour connaître les Paradisiers purs, il faut entrer dans l'oasis d'amour des poèmes consacrés à Laurence *et à Gemma ou monter vers le Dieu de* L'Épiphanie. *A l'extrémité verticale inférieure, dans les « bas-fonds » de l'âme, les Sauvages incarnent le goût de la terre, le sens du concret, la puissance d'enracinement et surtout la rentrée en soi. Sur l'axe horizontal, les Chanteurs satisfont la passion de chanter et assurent la mise au monde des autres races en poésie ; Ullin leur oppose l'intelligence, sous toutes ses formes. Patrice lui attribue en effet son sens de la construction, son besoin de comprendre, d'analyser, de juger, son pouvoir d'autocritique. On se trouve donc ainsi en présence de quatre « moi » contradictoires, qui font de la vie intérieure un chaos. Il dépend de l'acte de poésie que ce chaos soit ordonné, que l'unité et l'harmonie intérieure soient conquises. Et dans cette genèse le rôle d'Ullin est primordial : il dissocie la vie intérieure pour l'objectiver et permettre au moi créateur de la recomposer. Grâce à lui l'être humain peut recevoir et transmettre la lumière. Car la dissociation et la fluctuation des divers moi repose sur la stabilité de la conversion du moi entier, tourné vers Dieu par la foi. Mais parce qu'il est l'intelligence, Ullin est à la fois le plus difficile à convertir et le plus responsable du mouvement de conversion. Il porte la grande espérance chrétienne de Patrice, qui est de convertir l'intelligence à Dieu. Travesti de Satan, il marche malgré lui sur les sentiers de la grâce. C'est pourquoi il est Prince de la mort et Prophète de la vie. Et pour comprendre les autres créatures de la* Quête, *il faut les voir à travers « ses prunelles royales », qui ont l'éclat des nébuleuses et la profondeur des « astres », en perpétuelle genèse intérieure. Il semble que Patrice l'ait doué du « don de clairvoyance », que Bernanos accorde à ses prêtres, et qu'il jouisse du pouvoir de lire dans les âmes.*

En regardant la Quête *à travers Ullin, on comprend que l'état sauvage est un état adamique, dont Patrice veut à tout prix se délivrer en commençant son œuvre, en entrant dans l'exploration de son âme. État adamique du moi solitaire, fixé sur sa création, jouissant du plaisir de créer, sans quêter la vraie Joie. Le drame de l'Enfant de Septembre et de sa petite sauvagine, qui par tant de détails symboliques rappelle la faute originelle, est l'histoire du péché de poésie. Serait-ce, aux yeux de Patrice, la forme la plus subtile du péché d'esprit?*

Les derniers poèmes de la Quête *se présentent comme un effort de rachat du jeu coupable. La légende est définitivement désavouée :*

« Marais à sec, anges brisés!
Tout le côté pourri de l'âme
S'enfonce dans l'oubli; sa flamme
Est morte : on peut ironiser. »

Et le poète « en appelle à Dieu du jeu qu'il a mené ». Son intelligence ne parle plus par la voix d'Ullin, mais par celle de Dieu, et c'est pour quêter l'amour :

« Aime-moi (lui dit Dieu) : montre-moi jusqu'à quel point tu m'aimes,
Jusqu'à quel point tu peux te dépasser toi-même;
J'agrandirai ton cœur pour contenir tout ton amour. »

Prière tardive, qui ne saurait arracher le poète pécheur à sa nuit sauvage. La Quête *s'achève sur « cette nuit dont il ne sort plus », « serré près du marais » stérile où monte le rire d'Ullin. Cette nuit va se prolonger pendant vingt-cinq ans, soit le temps des deux premiers grands Jeux.*

La Quête *terminée, Patrice en fait le livre central du premier. Puis il écrit* l'Enfer, *donnant ainsi le dernier mot de l'œuvre à Ullin. Avant de les avoir mises au monde, il se délivre des ses créatures comme d'un « champ de morts en (lui) qui reste sans mourir ». Même les maîtres d'âme n'échappent pas à la damnation. Lorenquin, « pour avoir forcé le seuil fermé du ciel*

Pour des enfants perdus dans des siècles de brume
Qui n'avaient pas aimé ce qu'il fallait aimer »,

et Laurent de Cayeux, son successeur, qui disait à son maître :

« Je suis trop attentif pour n'avoir pas compris
Ce qui demeure impur dans une intelligence :
Le beau péché du monde est celui de l'esprit. »

Très logiquement, pendant qu'il damne ses créatures, il songe à leur Genèse*; il décide de l'orientation du premier livre, qu'il n'achèvera toutefois que pendant la guerre. C'est l'histoire du moi créateur, du jeu coupable de l'âme avec elle-même, de la nuit de péché.*

« Genèse! Genèse! aborder ma Genèse!
Faut-il me féconder pour jouir enfin de moi ?...

Et c'est la nuit du Seul, c'est la nuit de Genèse!
Quelle folie de se hâter dans une telle nuit! »

Pour se féconder, il fait appel à ses races d'Enfants, qu'il vient de reconnaître comme les « trois hymnes du fond de lui-même ». Il leur « confie » ses trois Jeux, pour « qu'ils découvrent et perpétuent la Genèse », pour qu'ils mènent son histoire jusqu'à l'Enfer *auquel il sait déjà qu'elle est vouée. Mais il sait aussi que nulle histoire ne se déroule seulement le long de la durée : sur l'écoulement se manifeste un autre mouvement, celui du Sacre. Tout en allant forcément vers la condamnation, il subira cette pression libre, il tâchera de l'exploiter et, avant* l'Enfer *final, passera par* La mise au monde d'Amour.

Du premier au troisième livre il existe une continuité parfaite. Le surgissement poétique annoncé dans la Genèse *éclate de l'expérience du* Jeu du Seul *au* Royaume de l'homme. *En s'abandonnant à ses tendances profondes, le moi devient poésie. En jouant de ses fibres les plus sauvages, l'âme répand sa plus belle musique. « Jeune ange des nuits végétales » qui sait « la caresse à donner aux racines enfouies », le Seul est l' « Enfant qui fait sa flore avec tendresse, mais pour faire plus tard la femme... » Il a des « animaux privés, aux ramures roses », et se nourrit du*

> « Plaisir de celui qui nomme,
> Plaisir de créer une faune
> Qui ne soit montrée à personne ».

« Pour voir l'accouplement d'un pluvier sur la neige », il donnerait « tous ses rêves aimés ». Mais le Seul est un enfant vieilli par ses jeux solitaires, qui creuse des lits de morts partout, pour le plaisir de ses cruautés.

« Commencer l'homme par sa mort, c'est ma tendresse... »,

dit-il. Parce qu'il n'a pas cherché la Joie qu'il fallait, il s'est fait « *le premier* » *de tous ses morts et a commencé à prendre la mort pour un beau thème. Le Seul prie, mais pour sa gloire et non celle de Dieu :* « *Seigneur...*

La terre se retourne en moi comme un enfant,
Et si je mets la nuit au monde,
Vous me rendrez tout lumineux! »

Le Seul aime, « *son royaume partout s'entrouvrait sur l'amour* », *mais il aime en poésie. La mort du Seul, c'est qu'il est captif de son royaume intérieur, de sa genèse encore nébuleuse,*

« ...entouré de quatre côtés
Par les frontières du poème...

Pour libérer le poète captif de sa poésie, deux événements surviendront et produiront La Mise au Monde d'Amour : *la guerre et le mariage. Alors*

« Il parlerait d'autres langages,
Non plus le sien, qu'il s'était fait,
En gonflant les mots qu'il aimait. »

« *Les êtres de poésie se sont évanouis* », *les uns dans le sang d'aujourd'hui, les autres dans les rêves d'hier. Il a enfin* « *pris sa chair vive* » *d'êtres réels. Des hommes des champs de bataille et de ceux des camps. Et d'une femme, à qui il se met à songer à son retour de captivité. Mais elle l'attendait déjà depuis longtemps.*

« Oh! Annie, même pour la Grâce,
C'est dans ton ciel, quand elle passe,
Que je la rejoins maintenant »,

lui dit-il, en faisant monter vers elle les Concerts sur Terre, *retrouvés sur les fibres paradisières de l'âme.*

Pour enchâsser La Quête de Joie, *Patrice édifie* L'École de Tess, *une « clôture de Chanteurs », où tous les chercheurs de Joie du monde peuvent se retrouver pour apprendre la poésie de la vie intérieure. Elle a ses maîtres d'âme, sa doctrine, sa liturgie et même son architecture. « Tess est du même élan vers la clarté que les collines, les arbres et les explosions de vie. » Dans « la pierre allongée et close », Patrice a creusé « des milliers de chambres intérieures où le mystère demande de survivre... où le vierge engendre le vierge... » et les Chanteurs, « serrant leur lumière intérieure..., détendent leurs membres et se laissent rayonner, jusqu'à épouser tout l'espace et revêtir ce corps de pierre où alors — ô combien maladroitement ! — ils essaient de lire ». Le livre qui précède la* Quête *est centré sur* La Vie Recluse *et inspiré du mouvement de* Genèse; *celui qui la suit converge vers les* Psaumes, *qui sont presque une prière à réciter sur le seuil de* l'Enfer. *Tout, dans la* Somme, *est ainsi ordonné et minutieusement disposé par le poète architecte qu'est Patrice. On retrouvera dans* Une Petite Somme de Poésie, *le dessin de cette grande construction, toujours en recherche d'équilibre sur les remous de la vie intérieure.*

Malgré son ampleur, le premier grand jeu n'offre qu'un versant de la Nuit du Seul. Pour franchir l'autre il faudrait entrer dans Le Second Jeu. *Alors seulement, nous saurions la direction de « cette nuit du fond de soi-même ». Et la Théopoésie — c'est ainsi que Patrice nomme la poésie du troisième Jeu — nous révélerait qu'en se faisant nuit l'âme a pris chair d'elle-même. Elle est devenue creuset, calice, pour que Dieu puisse y descendre. Pour que Dieu puisse enfin y être communié dans son Royaume à Lui, dans son eau baptismale, dans son sang rédempteur, dans sa lumière pascale.*

« Marais à sec, anges brisés !
Tout le côté pourri de l'âme
S'enfonce dans l'oubli... »

La Théopoésie nous fera comprendre que Patrice ait dénoncé, à dix-neuf ans, la poésie qui lui apportait pourtant la gloire.

En accueillant La Quête de Joie, *André Rousseaux écrivait ce qui suit sur la poésie de Patrice. Le temps n'a fait que confirmer l'exactitude de ses propos. « Il se peut que l'œuvre de La Tour du Pin, quand elle sera accomplie, comble ou déçoive ceux qui attendent d'elle un des grands poèmes de l'humanité. Mais il est sûr que, dès maintenant, ce qu'il y avait de plus intense et de plus subtil en poésie, ce qui nous paraissait entrer le plus avant dans les indicibles secrets du monde, en un mot tout ce qui se rattache depuis quelque cent ans, de près ou de loin, au symbolisme entendu dans son sens le plus large, de Nerval et Baudelaire à Valéry et au surréalisme, tout cela, dis-je, est contesté, à tout le moins remis en question de telle façon que la poésie devra tenir compte des voies ouvertes par Patrice de La Tour du Pin aux âmes qui veulent entrer dans le sens de la vie. » Pour faciliter l'accès à ces voies merveilleuses, nous avons souligné des aspects très précis de l'œuvre. La poésie de Patrice est comme la vie qu'elle quête, elle est aussi belle que difficile. On ne peut pas la lire au hasard ou par dilettantisme. Il faut y apporter l'intelligence et la foi de ceux qui croient que* « L'HOMME EST UNE HISTOIRE SACRÉE ».

Maurice Champagne.

La quête de joie

Prélude

à A.-H. de B.

Tous les pays qui n'ont plus de légende
Seront condamnés à mourir de froid...

Loin dans l'âme, les solitudes s'étendent
Sous le soleil mort de l'amour de soi.
A l'aube on voit monter dans la torpeur
Du marais, les bancs de brouillard immenses
Qu'emploient les poètes, par impuissance,
Pour donner le vague à l'âme et la peur.

Il faut les respirer quand ils s'élèvent
Et jouir de ce frisson inconnu
Que l'on découvre à peine dans les rêves,
Dans les paradis parfois entrevus;
Les médiocres seuls, les domestiqués
Ne pourront comprendre son amertume :
Ils n'entendent pas, perdu dans la brume,
Le cri farouche des oiseaux traqués.

C'était le pays des anges sauvages,
Ceux qui n'avaient pu se nourrir d'amour;
Comme toutes les bêtes de passage,
Ils suivaient les vents qui changeaient toujours;
Ils montaient parfois dans les cœurs élus,
Bien au dessus des fadeurs de la terre,
Mais ils sentaient battre dans leurs artères
Le regret des cieux qu'ils ne verraient plus!

Alors ils s'en allaient des altitudes
Poussés par l'orgueil et la lâcheté;
On ne les surprend dans nos solitudes
Que si rarement; ils ont tout quitté.
Leur légende est morte dans les bas-fonds,
On les voit errer dans les yeux des femmes,
Et dans ces enfants qui passent dans l'âme,
En fin septembre, tels des vagabonds.

Il en est pourtant qui rôdent dans l'ombre
Et ne doivent pas s'arrêter très loin;
Je sais qu'ils se baignent par les nuits sombres
Pour que leur ébats n'aient pas de témoins.
— Mais si déchirant monte alors leur cri
Qu'il semble briser toutes les poitrines,
Et va se perdre aux cimes de l'esprit
Comme un appel lointain de sauvagine.

Et les hameaux l'entendront dans la crainte,
Le soir, passés les jeux de la chair;
Il s'étendra sur la lande — la plainte
D'une bête égorgée en plein hiver;
Ou bien ce cri de peur dans l'ombre intense

Qui stupéfie brusquement les étangs,
Quand s'approchent les pas des poursuivants
Et font rejailllir l'eau dans le silence.

Si désolant sera-t-il dans les plaines
Que tressailliront les cœurs des passants;
Ils s'arrêteront pour reprendre haleine
Et dire : c'est le chant d'un innocent!
Passé l'appel, résonneront encore
Les échos, jusqu'aux profondeurs des moelles,
Et suivront son vol, comme un son de cor,
Vers le gouffre transparent des étoiles!

Toi, tu sauras que ce n'est pas le froid
Qui déchaîne un cri pareil à cette heure;
Moins lamentable sera ton effroi,
Tu connais les fièvres intérieures,
Les désirs qui brûlent jusqu'à vous tordre
Le ventre en deux, dans un spasme impuissant;
Et tu diras que ce cri d'innocent,
C'est l'appel d'un fauve qui voudrait mordre...

✡

Viens cracher aux morts obscurs
Le mépris des joies communes;
L'âme haute et l'esprit pur
Se nourrissent de rancune.

Si c'est leur pauvreté même
Qui leur permet d'être élus,
Rejette encor ce blasphème
Qui ne te satisfait plus.

Car ils resteront plus forts
Que toute injure qui monte,
Et cette pitié des morts
A jamais te fera honte.

✡

Mon plus secret ami, que j'aille visiter
Ce jardin pour morts dont tu connais le silence,
Ou que j'évoque à voix basse ta présence,
Au plus tendre d'un cœur que tu n'as su quitter,
Je n'y vois pas grande différence.

J'avais cueilli ces fleurs pour la mort d'un héros,
Son tombeau sera tout recouvert d'anémones,
La floraison du vent, de l'esprit... et personne
Ne dérangera plus, sinon moi, ton repos,
Puisque tous les autres t'abandonnent.

Ton repos ? Sous un ciel haut, d'éclairs déchiré,
Solitaire toujours aux heures de tempête,
Bousculé de ressac en ressac, et la tête
Prise dans l'étau noir des mondes désirés,
Et toujours en deçà de la Fête...

✡

Tu me donnes l'envie d'être plus difficile...

Je n'ai pas cependant fait voile vers les îles,
A l'aventure, dans la zone morte des mers;
Mai j'ai peur de reprendre auprès de toi ma place,
D'instruire les enfants avec des mots couverts

Et des formules d'ombre infuse qui les glacent...
Mes disciples voudront avoir d'autres autels,
Chercher le sens du monde au milieu des herbages
Parfumés, sur les hauteurs balayées par le ciel...

Ou bien, les nuits d'hiver, menant en mon sillage,
Sur une pente indescriptible de blancheur,
Les compagnons en rangs serrés comme des bêtes,
Je leur dirai la discipline de la Quête
En cette école où nous serons de vrais chercheurs
De sagesse, un grand troupeau d'âmes inquiètes.

Je leur expliquerai la beauté de leurs rôles,
Mais quand l'un sentira ma main sur son épaule,
Répondra-t-il ainsi que je t'ai répondu :
« Si vous m'avez choisi pour mon intelligence,
« Serais-je celui-là qu'on a tant attendu
« Pendant des siècles et des siècles de silence ? »

La ville

Il montait par la route nationale
Déserte à cette heure, entre chien et loup,
A la rencontre d'une capitale
Assise dans l'ombre, au-delà de tout.

Il avait l'air de voler dans le vent,
Les lanternes éteintes, en silence,
Comme un receleur de stupéfiants.

Il m'a pris avec lui sans faire halte,
Son aile m'ayant happé dans la nuit;
Tous feux dehors et braqués sur l'asphalte,
Nous avons longé les faubourgs sans bruit.

Il m'a dit brusquement : j'ai grand besoin
De vous pour allumer toutes les torches,
Il faut porter la flamme aux quatre coins.

Quand des bas-fonds surgira l'incendie,
Haut-déployé parmi le ciel d'hiver,
Nous devrons quitter la ville endormie,
Ne pas traîner le long des quais déserts.

Les feux furent bousculés par le vent;
Il montait dans la nuit vers une foire
Le bétail des trains venant d'Orient.

Et sur les quais descendirent les foules,
Les troupeaux d'humains, à peine couverts,
Vers le grand fleuve insouciant qui roule
Doucement des cadavres vers la mer.

Il faudrait se vautrer dans l'eau servile
Pour sauver ce pauvre corps qui prend peur,
Moi qui ai jeté le feu sur la ville...

Enfants de Septembre

à Jules Supervielle.

Les bois étaient tout recouverts de brumes basses,
Déserts, gonflés de pluie et silencieux;
Longtemps avait soufflé ce vent du Nord où passent
Les Enfants Sauvages, fuyant vers d'autres cieux,
Par grands voiliers, le soir, et très haut dans l'espace.

J'avais senti siffler leurs ailes dans la nuit,
Lorsqu'ils avaient baissé pour chercher les ravines
Où tout le jour, peut-être, ils resteront enfouis;
Et cet appel inconsolé de sauvagine
Triste, sur les marais que les oiseaux ont fuis.

Après avoir surpris le dégel de ma chambre,
A l'aube, je gagnai la lisière des bois;
Par une bonne lune de brouillard et d'ambre,
Je relevai la trace, incertaine parfois,
Sur le bord d'un layon, d'un enfant de Septembre.

Les pas étaient légers et tendres, mais brouillés,
Ils se croisaient d'abord au milieu des ornières
Où dans l'ombre, tranquille, il avait essayé
De boire, pour reprendre ses jeux solitaires
Très tard, après le long crépuscule mouillé.

Et puis, ils se perdaient plus loin parmi les hêtres
Où son pied ne marquait qu'à peine sur le sol;
Je me suis dit : il va s'en retourner peut-être
A l'aube, pour chercher ses compagnons de vol,
En tremblant de la peur qu'ils aient pu disparaître.

Il va certainement venir dans ces parages
A la demi-clarté qui monte à l'orient,
Avec les grandes bandes d'oiseaux de passage,
Et les cerfs inquiets qui cherchent dans le vent
L'heure d'abandonner le calme des gagnages.

Le jour glacial s'était levé sur les marais;
Je restais accroupi dans l'attente illusoire,
Regardant défiler la faune qui rentrait
Dans l'ombre, les chevreuils peureux qui venaient boire
Et les corbeaux criards aux cimes des forêts.

Et je me dis : je suis un enfant de Septembre,
Moi-même, par le cœur, la fièvre et l'esprit,
Et la brûlante volupté de tous mes membres,
Et le désir que j'ai de courir dans la nuit
Sauvage, ayant quitté l'étouffement des chambres.

Il va certainement me traiter comme un frère,
Peut-être me donner un nom parmi les siens;

Mes yeux le combleraient d'amicales lumières
S'il ne prenait pas peur, en me voyant soudain
Les bras ouverts, courir vers lui dans la clairière.

Farouche, il s'enfuira comme un oiseau blessé,
Je le suivrai jusqu'à ce qu'il demande grâce,
Jusqu'à ce qu'il s'arrête en plein ciel, épuisé,
Traqué jusqu'à la mort, vaincu, les ailes basses,
Et les yeux résignés à mourir, abaissés.

Alors, je le prendrai dans mes bras, endormi,
Je le caresserai sur la pente des ailes,
Et je ramènerai son petit corps, parmi
Les roseaux, rêvant à des choses irréelles,
Réchauffé tout le temps par mon sourire ami...

Mais les bois étaient recouverts de brumes basses
Et le vent commençait à remonter au Nord,
Abandonnant tous ceux dont les ailes sont lasses,
Tous ceux qui sont perdus et tous ceux qui sont morts,
Qui vont par d'autres voies en de mêmes espaces !

Et je me suis dit : Ce n'est pas dans ces pauvres landes
Que les enfants de Septembre vont s'arrêter ;
Un seul qui se serait écarté de sa bande
Aurait-il, en un soir, compris l'atrocité
De ces marais déserts et privés de légende ?

Apparition d'Ullin

Il était haut-dressé sur son cheval, — un mort
Prodigieux — la bête en son élan fauchée,
Le poing ganté de fer et crispé sur le mors.

Surgi brutalement d'une tombe cachée,
Il se détachait obliquement sur le ciel,
Haletant d'un longue et noire chevauchée.

Ses yeux me fascinaient d'un éclat irréel,
De ce soleil secret dont brillent les archanges
Et les initiés aux rythmes éternels.

Moi que la lente fièvre des marais démange,
Qui voudrais m'enfoncer plus avant dans l'oubli,
Dans le lâche brouillard de poèmes étranges,

Devant le prophète — oh! le beau nom pour celui
Qui gravite en moi-même comme un autre monde,
Sur un cœur tiède et que le dégoût envahit!

— J'ai cru voir apparaître une âme vagabonde,
Une bête traquée par les cieux découverts,
Qu'on rencontre parfois au sein des eaux profondes.

« Je suis le Prince Ullin, dont le cœur est désert,
Fascinant par les nuits du démon de soi-même,
Un phare prodigieux sur la haute mer.

Il faut abandonner la brume du poème :
Ma règle ne veut pas de ces concessions
Qui servent à masquer l'impuissance suprême.

Dans les cieux interdits par la damnation,
Je vous enseignerai les forces et les causes,
Le rythme de la mort et des tentations.

On dirait que vos yeux recherchent autre chose,
Que vous vous retenez à quelqu'amour secret;
Il faut briser tous les regrets qui s'interposent.

Je vous promets des mondes à peine explorés;
Quand les autres viendront et verront votre absence,
Ils ne vous prendront pas pour un désespéré.

Par la route montante de la connaissance,
Vous irez vers le seuil grand ouvert de la mort
Avec une âme haute et gorgée de silence.

Hâtez-vous : il vous faut sortir de ce décor
De légende, surgir au sein des altitudes
Dans une incandescence éclatante du corps. »

(Il soufflait devant moi des chères solitudes
Le vent de fièvre et la tempête sans éclat
Et l'appel infini de leur inquiétude...)

Il faut aller si peu, mais si peu, au delà...

✡

Ne me reproche pas d'avoir si froid à l'âme,
Je l'ai voulu ainsi par mon renoncement;
N'espère pas un jour pouvoir me consoler,
En vain s'épuiseraient ta voix et ton sourire.

Ne me dis pas : tu cours sur un chemin stupide,
Tu vas vers l'impuissance et la stérilité.
Je trouverai toujours dans le désert de l'âme
Le thème que beaucoup ont cherché dans la mort.

Ne me reproche pas d'obscures influences;
Celui dont tu parlais, je l'aime à la folie,
Plus que toi-même et plus que mes héros défunts.

Il me mènera bien sur la route royale
Où l'on croit aimer tous les autres pour lui seul,
Les amis de toujours qui m'ont tant écœuré...

La quête de joie

à A. L. T. P.

Il dit : « Il faut partir pour conquérir la Joie.
Vous irez deux par deux pour vous garder du mal,
Par les forêts, les fleuves, par toutes les voies
Ouvertes sur les solitudes de lumière;
Vos bonheurs assouvis sentent déjà la cendre;
Vous chasserez de nuit, de jour, jusqu'aux frontières
De l'âme où vous n'avez jamais osé descendre;
Il vous faudra forcer au fond de leurs retraites,
Jusqu'au ciel de la mort, étrangement hanté,
Tout scintillants comme des joyaux de beauté,
Les Anges Sauvages de l'éternelle Fête.
Allez, vous sentirez en vous-mêmes leurs traces
Parmi les pentes d'ombre de l'autre versant,
Où le seul vent du Nord, tumultueux, les chasse
Par vols immenses, vers le Précieux Sang.

Allez, envolez-vous tels des oiseaux de proie,
Vers ces marais noyés de brouillard et de fange,

Et vous découvrirez après la mort d'un ange,
Tout ce qu'un cœur scellé peut contenir de Joie... »

Alors, ils ont suivi le fil des grandes routes
Pour s'enfoncer profondément dans les déserts,
Et bousculés de-ci, de-là, sans qu'ils s'en doutent
Par le vent animal et fou de haute mer;
Ils ont sonné les débuchés dans la lumière,
D'un bout du monde à l'autre un lancé triomphal,
Quand leurs meutes levaient un ange solitaire
Loin dans l'âme... Jamais le hallali final
Et la mort...
                    Ils se croisaient en se disant « Liesse! »
Mais leurs regards déçus démentaient ce bonheur;
C'était leur mot de passe : il leur tordait le cœur!

Quête de Joie! Quête de Joie! dans leur détresse,
Ils rêvaient de trouver ces philtres enchantés
Où l'on descend aux paradis par lâcheté...

On les rencontre encor, surgissant du ciel sombre,
Tels des rôdeurs, des fous vagants des grands chemins,
Solitaires, ayant abandonné leurs chiens
De meute, haletants jusqu'à la mort dans l'ombre;
Ils ont erré dans les déserts de la souffrance,
Dans les âmes les plus hautes et les plus claires,
Dans les plaines encor vierges de l'enfance,
Parmi la pauvreté de l'esprit, volontaire,
Où les bouffées de Dieu montent comme des vagues,
Où les amours de soi rôdent comme des loups...

Dans le choc lumineux et brutal des dégoûts,
Ils ont bien pris cet ange qui partout divague,

« L'Angelus Communis », si triste et si petit
Qu'il se laisse attraper sans déployer les ailes;
Mais ils n'ont pas couru ce grand ange rebelle
Qui déchaîne à son passage l'âme et l'esprit,
Et bouleverse le corps comme une tempête...

On les attend toujours, mais ils ont disparu;
Ils ont été traînés aux obscures retraites
Par des brouillards mortels où leurs pas sont perdus;
D'autres sont descendus aux vallées les plus vaines,
D'autres, le cœur rongé de désirs impuissants,
Se sont aventurés aux sources du Vrai Sang;
Mais ils sont morts d'amour au fond de quelle impasse!
Et ceux qui revenaient, entraînant leurs conquêtes,
Ont été bousculés par la grande tempête
De décembre, qui fit tout trembler sur les cimes...

Mort de folie — dans un ravin, en fin décembre;
Mort de froid et de vertige — sur les abîmes;
Mort de fièvre — dans un marais, en fin décembre;
Mort d'orgueil — si loin, sur les hauteurs de l'esprit
Après avoir blessé un ange; mort en mer,
Mosuer, un héros, un grand ami, surpris
Par le vent; un autre foudroyé dans les airs
Si près de la lumière qu'on l'a retrouvé
Aveugle; mort n'importe où, Foulc, presqu'arrivé,
Dont la sauvagerie ressemblait à la mienne...

Morts! ils ont forcé les limites lointaines,
Le ciel tout boursouflé de soleil, qui flamboie
Si tristement...
Quête de Joie! Quête de Joie!

L'autre

L'autre était un faussaire inspiré par dépit;
Mes compagnons l'avaient rabattu sur la ville,
Il se mordait dans l'ombre à même le mépris.

Mais faudra-t-il un signe étonnant dans le ciel
Pour que nous délaissions les séducteurs stériles ?
Cette humiliation de l'être inférieur,
Masquant d'éternité les jeux les plus mortels,
Toute l'amertume de la gorge des bêtes...

Le savait-il au moins son métier de fraudeur ?
Lorsqu'il nous racontait d'interminables fêtes,
Nous murmurions toujours la même chose :
« il ment ».

Lorsqu'il s'aventurait de nuit parmi les chaumes,
Lorsqu'il hurlait sur les tombeaux comme un renard,
Criant à tous échos qu'il voyait son royaume,
Lequel de nous n'aurait-il dit brutalement :
« Laveras-tu ces mains qui sont pleines de terre ?
« J'ai reconnu dans l'ombre ton atroce voix,
« Trop fausse pour troubler d'autres êtres que toi ! »

Il était inventé, dis-moi, par quel effort,
Ce cri de désespoir qui paraissait sincère :
« Ils nous ont accouplés pour mettre au monde un mort... »

Légende

Va dire à ma chère Ile, là-bas, tout là-bas,
Près de cet obscur marais de Foulc, dans la lande,
Que je viendrai vers elle ce soir, qu'elle attende,
Qu'au lever de la lune elle entendra mon pas.

Tu la trouveras baignant ses pieds sous les rouches,
Les cheveux dénoués, les yeux clos à demi,
Et naïve, tenant une main sur sa bouche
Pour ne pas réveiller les oiseaux endormis.

Car les marais sont tout embués de légende,
Comme le ciel que l'on découvre dans ses yeux,
Quand ils boivent la bonne lune sur la lande
Ou les vents tristes qui dévalent des Hauts-Lieux.

Dis-lui que j'ai passé des aubes merveilleuses
A guetter les oiseaux qui revenaient du Nord,
Si près d'elle, étendue à mes pieds et frileuse
Comme une petite sauvagine qui dort.

Dis-lui que nous voici vers la fin de septembre,
Que les hivers sont durs dans ces pays perdus,

Que devant la croisée ouverte de ma chambre,
De grands fouillis de fleurs sont toujours répandus.

Annonce-moi comme un prophète, comme un prince,
Comme le fils d'un roi d'au-delà de la mer;
Dis-lui que les parfums inondent mes provinces
Et que les Hauts-Pays ne souffrent pas l'hiver.

Dis-lui que les balcons ici seront fleuris,
Qu'elle se baignera dans des étangs sans fièvre,
Mais que je voudrais voir dans ses yeux assombris
Le sauvage secret qui se meurt sur ses lèvres,

L'énigme d'un regard de pure connaissance
Et qui brille parfois du fascinant éclair
Des grands initiés aux jeux de connaissance
Et des coureurs du large, sous les cieux déserts...

Le Christ aux phares

Et les autres, les pauvres autres,
Les faut-il mépriser
Parce qu'ils ont des cœurs moins nobles que les nôtres ?

Je les voyais lumineux et cerclés d'ombre,
Mais difformes, mêlés à la tempête où je me débattais
Comme d'ironiques épaves inconscientes.

Plus tard, ils ont voulu me voler ma tempête,
Décrivant les leurs, si pareillement,
Comme si les pauvres âmes pouvaient en enfanter !

Mais moi, j'étais son centre pour moi-même,
Ils se sont crus peut-être des centres aussi,
Et nous ne voyions pas que tout gravitait autour du Christ.

Solitude ! quand on est seul avec Lui,
Quand on le caresse doucement, quand on le console,
Quelle absence donnerait un tel vertige ?

C'est pourquoi, penché sur Lui et renonçant à tant de joies,
J'aurais pu m'extasier devant son sourire
Pour avoir été pauvre en esprit.

O nuit de toutes les nuits de l'âme,
Les phares, s'ils ne s'étaient éteints dans l'ombre,
J'aurais compris toute son atrocité.

Mais par la paix amicale de l'ombre
Est disparu tout le ciel au delà,
Si peu...

Par la vertu désaltérante de l'ombre
Est disparue cette haute soif de connaître,
Et je demeure extasié comme un pendu.

D'autres me croient mort :
Ils n'ont qu'à goûter mon haleine chaude,
Qu'à sentir battre dans mon cœur
Le vent qui monte à pas de loup.

D'autres, sceptique ou fatigué :
Seraient-ils maîtres dans la science des âmes ?
D'autres, inutile : peut-être.
D'autres, possédé : par Lui, par Lui !

La croix haut plantée sur le ciel,
Le sourire immense et vif de joie,
La mer des Anges qui étincelle...

Encore un petit peu de temps,
Et il sera traqué jusqu'à l'amour
Par le prodigieux halètement
Et la montée, lucide et claire, du froid.

Moi, je n'ai pas résisté,
Je me suis mêlé à la meute

Parce qu'il faut toujours aboyer contre les morts,
La nuit, dans le désert de soi.

Seulement, s'il croit me fasciner de ses yeux
Qui sont grand ouverts et profonds comme le doute,
J'allumerai le feu féroce de mes phares
Pour qu'il soit encore humilié.

Il ne pourra pas en soutenir l'éclat,
Il abaissera certainement ses paupières,
Le Christ maigre et désossé et tordu dans sa chair
Par la lâcheté d'âme des autres.

Car ils venaient à la curée,
Princes des hameaux et des villes
Et fonctionnaires; ils s'en venaient pour l'achever
Et disputer son corps comme des meutes.

Alors, après moi, ils ont braqué leurs phares
Sur ses yeux fatigués, si larges et si doux,
Tard dans la nuit, et jusqu'à m'écœurer,
A faire mettre les miens en veilleuse.

Et je me suis enfui, traînant dans un éclair,
La tragique vision d'un Christ bouleversé...

Vos bras tendus, vos bras immenses,
Vos mains faites pour caresser...

✡

Alors jusqu'à toi, mon pauvre ange,
Jusqu'à toi-même, toi compris,

Vous avez trouvé que mon cri
Sonnait d'une manière étrange!

Et vous vous êtes dit : Voilà
Un cœur qui chante sa réclame!

Et j'étais fêlé jusqu'à l'âme,
Jusqu'à l'âme, et bien au delà...

Tempête

Mer morte... il suffirait d'y voir une accalmie,
Un jeu de spectateur qui ne prend jamais part,
Un jeu d'homme qui renonce.
                                        L'âme assouvie,
Le cœur haut, satisfait.
                                Se tenir à l'écart
Des foules.
                Elles sont tourmentées par l'attente,
Mais moi, je veux rester parmi ces eaux dormantes
Sans prévoir de miracles qui ne viendront pas;
Leurs thèmes d'infini sont vulgaires et plats.
Attendre... Il surviendra cependant quelque chose,
Je le sens à ce recueillement sur les eaux,
A ce gouffre de vie intense sur les eaux;
Le vent? Je me souviens de ces époques closes
Où je l'aimais...
                        (quand frissonnant de tous mes membres,
Je le guettais dans l'aube froide de septembre
Sur les plaines rases où rôdaient les corbeaux...)
Jeux d'enfants, oubliés, vides...
                                        Comme ils sont tristes!

Et maintenant croiser sur des flots inconnus
Dans la foule abrutie et lourde des touristes,
Avec un cœur indifférent qui ne bat plus!

Le vent qui monte a bousculé le feu des torches,
Une trombe surgit d'un gouffre transparent
Contre le grand plafond, livide, qu'elle écorche.

Tous, bateaux de plaisance ou vaisseaux de haut bord,
Voyant la mort et moi qui planions dans l'ombre
Comme des Christs phosphorescents en plein essor,

Devant l'abîme grand ouvert par la tempête,
Les bras en croix, hypocrites ou faux martyrs,
Poussent le désespoir à sa cime secrète.

Accroupis, acceptant la peur qui les étreint,
Ils offrent pour noyer leur richesse et leurs fautes
Cet éphémère instant de fol amour divin!

Avec leurs yeux cerclés et fixes, tels des hyènes,
Pour la première fois criant de lâcheté
Les prières les plus sincères, les plus vaines,

Ils ne détournent pas leurs regards de bétail
Apeuré, de l'incendie du ciel illusoire,
Crépitant d'or et de rose, comme un vitrail...

Cet appel d'une fête lointaine et surgie
De l'ombre, serait-il un paradis ouvert
Ou bien le souvenir d'anciennes orgies?

Le vent qui monte a bousculé leurs espoirs fous,
Poussé la cruauté jusqu'à laisser éteindre
La frange de lumière et l'espoir au-dessous.

La trombe d'eau les a poussés vers les abîmes;
Brusquement le désir de sauver m'a saisi
Les moins lâches, les plus petites des victimes...

Le reste est trop amer à raconter ici.

Destruction

Tous ceux qui vous tiennent rancune
De les avoir créés si beaux,
Quand la hantise du tombeau
        Les importune,

Ceux-là sont vains; il faut détruire
Ce thème mensonger et plat
D'un gouffre qu'on ne connaît pas,
        Mais qui aspire...

Laisser tomber tous ces symboles;
Si l'on souffre trop d'être humain,
Il faut chercher un peu plus loin :
        Si peu console...

La traque

J'avais suivi tes pas perdus au fond des bois,
Ils menaient aux ravins gonflés par les averses,
Et là, je t'ai trouvée, abattue et sans voix,
Frissonnant du froid de l'aube qui transperce.

Je te caresserai sur tes ailes divines...
Ne tremble pas toujours entre mes bras ouverts;
Je t'ai prise, dormant comme une sauvagine
Blessée, ou lasse d'avoir volé sur la mer.

Sache que c'est pour ton sourire que j'ai fui,
Que je t'ai portée aux longues heures de traque,
Qu'au lever de la lune je m'étais enfoui
Jusqu'au cou, dans la fièvre écœurante des flaques.

— J'entends leurs pas qui se rapprochent dans le silence,
Leurs voix sourdes qui s'entr'appellent dans la nuit...
Ne bouge pas : un rien trahirait nos présences,
Ils se dirigeraient vers nous au moindre bruit.

Ne tremble pas; je ne te savais pas si pâle!
Tu dois mourir d'angoisse en écoutant toujours

Cet appel désolé que profèrent les mâles.
Dors : je saurai bien les lâcher au petit jour.

Et tu me trouveras, penché sur ton éveil,
Tu connaîtras un cœur de mâle aussi farouche
Que les leurs, un désir de mordre tout pareil
Au leur, lorsque ton corps se donnait à leurs bouches.

Ils se rapprochent : respire plus doucement.
Dans un instant peut-être, ils éteindront leurs phares;
Ils essayent d'étouffer leurs brefs halètements
Et le bruit de leurs pas qui font gicler les mares.

Dors : ils se dressent maintenant sur le ciel sombre;
Ne bouge pas : ils ont failli marcher sur toi...
Ils sont passés : j'entends leur souffle qui décroît,
Et leur cortège va disparaître dans l'ombre...

✡

Je l'avais compris un soir de légende
Si profondément que j'en avais peur,
Et notre amitié devenait si grande
Que nous n'en pouvions saturer nos cœurs.

Je ne connaissais que toi de si rare,
De si lumineux dans le haut chemin;
Je croyais que seule la mort sépare
Et que ton absence aurait une fin.

Par les soirs cruels de l'indifférence,
Je vivais dans ta très douce présence,
Attendant des jours tranquilles et clairs.

J'ai veillé longtemps, sans âme et sans force :
Peut-être as-tu su déchirer l'écorce
Qui voilait si mal un cœur si désert!

L'aube

Tous feux éteints, ailes au corps,
L'âme déçue et solitaire,
Courir par les grandes artères,
Bouleversé jusqu'à la mort.

Croiser les êtres qui reviennent
Et vous fascinent de leurs feux,
Dansent dans l'ombre, tout joyeux
De la honte qui les ramène.

Ils frissonnent encor; la flamme
De leurs yeux tremble entre leurs cils;
Ces lâches revenants ont-ils
Poussé jusqu'au grand froid de l'âme?

Jusqu'à ce lac stérile, immense,
Battu du feu des projecteurs,
Et qui vous enseigne l'absence
Et l'oubli des consolateurs?

Mais les phares peuvent fouiller les vallées creuses,
Les sirènes crier de peur dans les tournants,

Et les arbres surgir en tempêtes lumineuses,
Rien ne m'empêchera de marcher plus avant.

Traqué par un mal solitaire,
L'assouvissement de l'ennui,
Je m'enfoncerai dans la nuit
Jusqu'à la pente du mystère,

Jusqu'à ce lac stérile et froid,
Battu par la lueur des phares
Où les revenants sont plus rares
Parce qu'ils sont pareils à moi.

Le voici, le lac des corbeaux :
Il est désert et calme et lisse;
D'autres que moi peut-être glissent
En même temps dans son tombeau.

Il s'en est fallu d'un sourire
Que je ne crie aux tentateurs
De m'entraîner aux profondeurs
Noyer l'ennui qui me déchire.

Qu'ils soient de l'ombre ou de la chair
Ou bien du monde, que m'importe ?
Puisque les amitiés sont mortes
Dans quel ineffable désert...

Mais entre les flaques de gel,
Je vis paraître une anémone
Si transparente que personne
N'avait entendu son appel,

Son appel tout fait de lumière,
Comme dans les yeux féminins
L'étoile d'orient lointain
Si caressante et douce et chère...

Alors lâchement nous sommes revenus à l'aube,
Tous feux dehors, pavillon haut,
Avec des anémones d'hiver
Cueillies par brassées près du lac,
Avec des anémones dans tes cheveux
Qui jetaient au soleil d'avril
Une bouffée de senteur matinale
Epuisée en toi seule, ma chère
Ame, ma floraison nouvelle,
Avec des anémones dans ton sourire
Qui palpitent quand tu respires
Et que j'étreins ta si douce chair de femme
Lumineuse et caressée tout le printemps...

✡

Rien ne me sert de torturer
Celui que je nommais naguère
Ami de cœur et de lumière :
Rien ne me sert de soupirer.

Je ne saurais que son silence,
Car même à mon cœur amical,
Il ne fera l'aveu brutal
Et rauque de son impuissance.

Le tombeau d'Ullin

Je venais te revoir à l'aube de Saturne,
Triste, ayant délaissé les jeux et les parfums
Pour une lamentable nudité nocturne.

Je m'étais saturé de ton amour défunt
Pour ne pas oublier dans ce froid mausolée
L'enfant paludéen des nuits ensorcelées.
Mais, Ullin, qui dira sur son sauvage luth
Le furieux combat de tes grands cerfs en rut
Et les énervements d'une mauvaise lune ?

Seul, disciple fidèle et préféré de toi,
Je pourrai déchirer dans les brumes du froid
L'isolement de ce tombeau sur les lagunes.

D'une rumeur indifférente
Tu viens de torturer mon cœur.

Personne, sinon ceux qui portent
Au fond de leurs yeux de malheur
L'âcre secret des oiseleurs,
— Ces eaux stagnantes, ces eaux mortes —

Ne saurait comme ton silence
Répondre à mon cœur inquiet,
Loin des consolateurs secrets,
Si près de toi, de ton absence...

Tu n'avais que des bras étroits,
Un cœur froid de pierre tombale...

Et c'est pourtant dans ton étreinte
Amicale, que j'ai souffert
D'un ciel à jamais recouvert
Par ta stérilité sans plainte.

Acteur ou spectateur : choisir
Pour la lucidité de l'âme,
Et renoncer à toute flamme,
Aux communions, aux désirs.

A l'aube sur les eaux dormantes,
Fais le silence dans ton cœur.

Ne cède pas à la souffrance,
A l'enthousiasme, à l'effroi;
Je t'enseignerai les absences,
Toutes les voluptés du froid.

Reste en toi-même : que t'importent
Le jeu des autres, leurs plaisirs ?
Assouvis en toi le désir
Sans prendre part : nature morte...

Taisons-nous : ce mystère a besoin de silence :
Les cœurs profonds qui ne connaissent pas l'absence
N'atteindront jamais à la science d'Ullin.

Ne comprenez-vous pas qu'il entre en l'inhumain,
Qu'il n'ose pas ouvrir ses ailes toutes grandes ?
On dirait qu'il a peur de passer en légende!
Ullin... très doucement nous allons le bercer,
Il me prend un désir furieux de l'embrasser,
De partir avec lui, les lèvres sur sa face...
Il joue avec ses doigts crispés, presque irréels,
Avec les anges morts dont il peuplait le ciel,
Avec les fleurs d'ombre qu'il cueillait sur la glace...

Tentation

La volupté de chanter à voix basse,
Celle plus grande encor de chanter faux,
Celle de renoncer qui les surpasse.

A cet appel désolant aux bourreaux,
Le chant facile se meurt sur la bouche,
Si merveilleux soit-il, et clair, et haut,

Qu'il soit étouffé dans le cœur farouche,
Suicidé ou mort d'affadissement
Qui sonne le creux sur toutes ses touches.

Mensonge. Lucide raffinement!
Quelque chose de vif comme une lame...
Jouer le possédé, le fou, l'amant

Blessé...
jusqu'à jouir du froid de l'âme.

Première épître d'un quêteur de joie à Lorenquin

Nous avions à sa suite une autre discipline,
D'autres désirs aussi...
Et pourtant, j'ai suivi
Votre règle, j'ai pu me séparer de lui;
Son ombre est toujours là, triste, qui me domine :
Je ne sais pas les mots qui délivrent des morts.

J'ai trop tardé peut-être avant de le conduire
Vers ces lieux désolés où reposent les corps;
Ses yeux continuaient encore à me séduire,
Je n'avais pas le cœur de les fermer ici.
Il était si compréhensif de l'âme humaine!
Lui au monde...
Ah vraiment! si vous l'avez décrit
Tel qu'il est dans son rythme, son vol, son haleine
Et la caresse enchanteresse de ses mains,
Vous n'avez pas connu le froid de son absence...
Là seulement s'exhale un peu de sens divin!

Je l'ai nommé Ullin, qui est un cri de bête;
Il a le vol pesant des grands oiseaux de nuit,
Et l'odeur, et le souffle sourd dans le silence.

Les autres tentateurs semblent vains aujourd'hui,
Leurs chants insinuants et leurs raisons secrètes...

Maître, si vous pouviez savoir comme il me hante,
Comment chaque désir qui m'écarte de lui,
Je le tue, quand il vient rôder à nuit tombante...

Laurence printanière

Voici que montent les aubes, d'une blancheur
Eclatante, au-dessus d'un fouillis d'anémones
Lumineuses, dans la matinale fraîcheur...

Pour entrer dans la danse légère d'avril,
Vos yeux ont pris la douceur des clairs de lune,
Et leur lumière brille et joue entre les cils.

Il vaut mieux ne jamais parler de moi, Laurence,
Si vous me permettez, et si divinement,
De goûter avec vous cette aube de printemps.
Je chanterai d'abord votre seule présence,
Puisque nos souvenirs, si merveilleux soient-ils,
Pâlissent à côté de cette aube d'avril;
Il vaut mieux négliger les joies antérieures
Pour jouir pleinement des dons qui sont offerts,
La lumière frôlant votre sein découvert,
Toute l'idéale tempête de six heures...

Voici venir la grande extase des réveils,
Et vous marchez parmi les fleurs printanières,

Heureuse et cueillant des monceaux de primevères
Pour les jeter à pleines mains dans le soleil.

Ne tremblez pas; je veux effleurer vos cheveux,
Les sentir et ne plus les sentir qu'en pensée,
Et puis les ressentir encore à la nausée,
Et puis garder le long des jours tout leur parfum...

Ne tremblez pas : il faut fermer les yeux d'abord,
Il faut vous jeter doucement dans l'herbe haute,
Il faut que je délivre vos cheveux, que j'ôte
L'agrafe qui maintient ce voile sur ce corps,
Offrant à la lumière cette peau si pure,
Cette gorge crépitant d'or et de luxure
Et que caressent les tiges comme des mains,
Ces seins qui sont gonflés de soleil et de sève,
Ces jambes lisses et blanches qui se soulèvent
Pour contenir le flot de volupté qui vient

Hors de l'âcre profusion de la terre
Qui monte soudain comme un raz de marée

Vers l'orgie dionysiaque de la chair
Et le désir bouleversant des mâles
Craquant jusqu'à l'épuisement de l'être,
Pour assouvir tout ce qui brûle et qui déborde,
Cette tempête lumineuse de printemps
Qui déferle sur les aubes de six heures...

Tragédie intérieure

à H. L.-B.

Hâtez-vous : nous allons au-devant de l'aurore!
Ce doit être toujours un peu plus au-delà.
Un homme comme lui ne se contente pas
Des régions qu'en eux seuls les poètes explorent;
Les torches maintenant ne serviront à rien,
Et même si plus tard la brume les éteint,
Nous serons assez loin d'être perdus encore.

Il me semble que vous avez peur tout à coup :
C'est pour rire, j'espère : il faut jeter son masque.

Je ne crois pas qu'on puisse se tromper de route
Lorsqu'on tâtonne à la recherche d'un tombeau;
La mort! Nous la sentons, nous autres, de si haut!
Nous n'avons pas des cœurs peureux qui la redoutent!
Le vent de mort, tant de poètes l'ont chanté
Comme le vent d'une aube de stérilité;
Ceux qui l'ont respiré depuis longtemps en doutent.

Il est stupide d'y mêler des sortilèges,
N'importe où, hors ce trouble à l'aube des amours.

Nous n'avons plus besoin de carte ou de boussole,
Ces pays sont marqués comme lieux inconnus
J'avance comme si j'étais déjà venu
Par ici, retrouver la flamme qui console;
C'est peut-être moi seul qui viens la consoler...
Il ne faut pas chanter celui qui sut aller
Un peu plus loin que les amateurs de symboles.

Je viens vers lui parce qu'il me fascine encore,
Parce qu'il est moi-même en plus désespéré.

Ne riez pas : vos âmes seront satisfaites.
Je viens vers lui parce qu'il était mon ami;
N'y voyez pas un geste que j'aurais promis,
La curiosité d'une soif indiscrète;
Non : mettez votre main sur ma poitrine à nu,
Il est bien mort; je le sens là qui ne bat plus...
Ne cherchez pas en moi d'autres raisons secrètes.

Touchez-moi : comprenez que ce n'est pas un rêve,
Le seul froid de mon cœur pourrait vous réveiller.

C'est maintenant qu'il faut franchir le pas extrême
De l'irréel, aller un peu plus au-delà.
Nous avons dépassé les faciles climats
Où les hommes croient voir le mystère suprême;
Ah! l'impuissance est bien le plus grand des malheurs!
Tant d'autres l'ont admis, peut-être sans douleur;
Maintenant il faudrait vous dépasser vous-même.

Ne cherchez pas des yeux un triste mausolée,
Il est tout près de vous, vous ne le voyez pas.

Ne soyez pas naïfs, il ne va pas paraître
Une ruine inconnue au front prodigieux,
Plein d'une féerie pour amateurs de Dieux,
Où des cœurs de touristes pourraient se repaître.
Tous ces mythes perdus et tant de fois chantés,
Ne peuvent recouvrir par leur étrangeté
Le mort de si grande beauté, qui fut mon Maître.

Maintenant il faut dépasser l'imaginaire,
Marcher à pas de loup par notre seul instinct.

Vous me croyez fou parce que j'ai l'air de rire,
Je suis peut-être à la limite de mes nerfs;
Au delà de ces lieux, il n'est que le désert.
Si vous voulez me suivre, il me faudra vous dire
Pourquoi mon cœur, auprès de lui, bat tellement :
Je l'ai tué... je viens de revivre ces instants
De vertige où j'ai connu la joie de détruire.

Continue-t-il à tant mépriser dans la mort ?
Ne tremblez pas : je ne vous ferai pas de mal.

Qu'importe! je le vois déjà comme une idole
Avec l'énigme du sourire dans les yeux;
Vous savez bien que son regard est merveilleux
Il est si haut, ce cœur, que son orgueil isole!
Il ne pouvait plus vivre, au sein d'un corps brûlant
Où montaient toutes les tempêtes de printemps,
Sur ce coin de l'esprit qui gèle et qui console.

Et désormais je vais demeurer près de lui :
Vous marchiez dans la nuit à la suite d'un mort.

Attendez : je vais me pencher sur ses yeux pâles,
Très doucement pour ne pas les effaroucher.
Vous pourrez retourner au monde où vous couchez
Après avoir sondé ses prunelles royales :
Vous me reconnaîtrez alors dans un éclair,
Hallucinant comme une aurore boréale
Que les marins découvrent dans les cieux déserts!

Ullin-Roi

Ullin-Roi ! Je ne sais si vous avez compris
Toute ma Royauté ! Les ailes qui vous portent,
La folie de parler dans une langue morte,
Le désir d'adorer des Dieux déjà péris,
C'est elle !
Je vous mènerai dans mon royaume,
Des solitudes à faire peur aux fantômes,
A contraindre les cœurs à jouir du désert...

Et ce vent de beauté qui descend sur la terre,
Tant d'escales perdues, d'îles imaginaires :
C'est un vaisseau amiral sur la haute mer !

Ullin-Roi ! regardez l'escadre qui s'avance,
L'oiseau du froid marqué sur tous les pavillons,
La montée sourde, à feux éteints, dans le silence,
Et plus tard, l'envolée dans le même sillon
Mon bel ami, troublé du jeu berceur des vagues...

Vous trouverez bien d'autres profondeurs en moi,
Jusque dans mes joyaux, dans mes yeux — et la bague
Noire et polie que je vous passerai au doigt.

Je singe abominablement les autres Princes,
J'emprunte leur mépris, leur sceptre et leurs autels.
Je sais que vous allez jouer sur l'Eternel,
Mais c'est si dangereux et la chance est si mince
Que vous pourriez miser en même temps sur moi...

Maintenant, vous me connaissez; je suis le Roi
De cette tragédie pour les âmes profondes,
« A l'auberge de la Création du Monde »;
Son décor idéal, vous vous le rappelez
En cherchant un peu loin dans le gouffre d'enfance
Perdu... et ce palais, comme tous les palais
Féeriques, de cristal...

Le Christ voilé

I

C'est un jardin secret et tranquille où s'amassent
Les iris blancs et les hautes touffes d'asters
Et les tapis serrés de campanules basses.

Aucun vent n'y pénètre du ciel grand ouvert;
Les voix mêmes des oiseaux passants se sont tues
Qui volent vite et très haut dans le ciel clair.

Ombrée, et finement travaillée, et vêtue
De la seule caresse amoureuse des fleurs,
Une femme, de la chair froide des statues.

Et le maître ancien qui fut son ciseleur,
A l'étrange figure ajouta son mystère,
Le signe de l'ellipse inscrit dans sa pâleur.

Un mur de pierre enclôt cette Ève solitaire
Qui ne tend pas l'oreille aux rumeurs d'au delà,
Mais à celles, sourdes et profondes, de la terre.

Ce serait la plus haute des fleurs, si son bras
Le long d'un corps gonflé de sève végétale,
Sur son ventre de nacre ne descendait pas;

Si ses deux seins n'étaient striés de veines pâles,
S'ils ne se gonflaient pas soudain de volupté,
Caressés seulement en rêve par un mâle.

C'est un jardin secret, cerclé d'un mur, hanté
Comme un damier, d'oiseaux noirs et blancs qui reposent:
On leur a coupé les ailes par cruauté.

Dehors le ciel est tout enluminé de rose,
Sur les collines, des nuages clairsemés,
Et « Quête de Joie » est inscrit sur toutes choses :

L'archange noir, veillant sur ce jardin fermé.

II

Il se dresse très haut dans le ciel terne et vide
Si douloureux dans l'âme et navré dans le corps
Qu'on a voilé ses yeux d'une pitié perfide.

Il a peur : il n'ose pas voir venir la mort,
Une mort gambadante et folle, une Mort-chèvre,
Tenue en laisse et prête à prendre son essor.

Plus bas, si près de Lui, qu'ils ont cloué leurs lèvres
Sur la plaie d'où le sang s'échappe doucement,
Tous les quêteurs de joie, brûlant de quelle fièvre.

Ils ont jeté leurs oriflammes rouge et blanc,
Et les calices qu'ils remplacent par leurs bouches,
Tellement ils ont peur de perdre un peu de sang.

Les enfants... ils ne paraissent pas très farouches,
Ils se sont approchés pour reconnaître mieux
Ce Christ nu, que des mains de gens inconnus touchent.

Ils ont abandonné leurs mères et leurs jeux;
Ils ne savent pas bien si leurs cœurs se déchirent;
Leurs yeux puérils sont follement curieux.

Ils ont déja senti qu'il essaie de sourire
Derrière le voile, pour la dernière fois,
Quand s'approche la Mort dansant comme un satyre.

La Foule... elle est venue à ce jeu de la Croix,
Vêtue de pourpre et d'or comme pour une fête,
Et l'entoure de loin, attentive et sans voix.

Aux ailes, quelques-uns ont relevé la tête
Pour suivre dans le ciel les anges affolés,
Descendant par terreur de la grande tempête

Sur ce Christ de haute noblesse, aux yeux voilés...

III

Hors de l'ombre, parés des insignes royaux,
Projetés brutalement en pleine lumière,
Les yeux brûlant du feu minéral des joyaux,

Leurs regards fascinants pénètrent loin derrière
Le livre que leur tend un enfant donateur,
Marqué d'un ange mort sur la page première,

Trois juges, et choisis parmi les tentateurs,
Les Maîtres de l'âme, les Pauvres, les Prophètes,
Pour présenter mon chant au Prince des Hauteurs.

Le plus sombre des trois vient d'incliner la tête
Vers le plat d'argent où s'entassent les écus,
Le prix du vent, de l'inspiration secrète.

L'autre, méditatif, ne cherche déjà plus
Les pages qui devraient refléter la présence
De celui qu'on ressent comme un cœur inconnu.

Le troisième, inaccessible, tient la balance :
Il pèse le démon qui fut cause de tout,
Puisque la mort d'un ange est chose de silence.

Son œil lucide fixe l'enfant à genoux :
Où l'as-tu découvert pour qu'ainsi je le voie ?
Mais n'importe où, mon pauvre Maître, n'importe où...

Sur les hauteurs où passent les oiseaux de proie,
Sur les marais à l'aube, au fond d'un cœur désert,
Près du jardin secret de la Quête de Joie...

Par la baie grand ouverte sur le ciel d'hiver,
On voit les oiseleurs farouches qui s'apprêtent
A tendre leurs filets pour les anges de mer,

Près d'un hameau, perdu dans l'ombre, noir et fête...

Banquet

Un Maître, mais si peu...
Il dit, penchant la tête :
Joie, liesse pour vous qui êtes accourus
De tous les coins du monde à cet appel de fête!

Mais plus bas : celui que j'aimais est disparu...

Il dit encor : je sculpte et dore ma tristesse,
La chouette figée que je porte à mon poing,
Certains veulent y voir un oiseau de sagesse,
Mais du signe réel que ce symbole est loin!
Chacun de vous là-bas a fait sa découverte,
A chacun d'entre vous, il parut différent,
Si vous parliez de lui, serait-ce en pure perte?
Mais vous n'en dites jamais rien...

Si seulement
Vous aviez arraché le voile qui le cèle,
Si vous sentiez de loin ce qui brille en dessous!
C'est ma part la plus vraie et la plus sensuelle,
La seule qui devrait me rapprocher de vous...

Vous avez de mon âme une vue incomplète,
Tâchez de jouir de tous vos sens à ce banquet :
Je ne suis pas son inspiré, ni son prophète,
Et les grands inspirés, comment étaient-ils faits ?

Mais celui que j'aimais était impérissable...

On n'entend rien en vous, et je ne le sens pas
Palpiter dans vos cœurs, et je trouve ses pas
Effacés par le vent, les marées et le sable...
Où l'avez-vous perdu ?
Vous n'avez pas touché
A ces vivres; ils sont empoisonnés peut-être ?
Si peu que de sa plaie j'ai su les approcher,
Ils ont un goût amer qui ne peut disparaître...
Vous avez peur ?
Au moins sentez-vous qu'il est là ?
Et vous ne savez pas en quelle langue dire
Votre joie, par quels mots recevoir son sourire...
Vous avez bien des morts que je ne connais pas!

Interlude

Recueillons-nous; allons reviser nos amours.
Tous ces marais fermés sentent la pourriture,
La décadence; il faut oublier pour toujours
Ce qui fut notre seule nourriture.

Cette nuit sur l'étang de Foulc, en fin décembre,
Ces passages dans l'ombre et ce grand ciel hanté,
Tout cela serait-il une extase de chambre,
Un aveu brutal de stérilité ?

Pourtant le vent sentait l'homme si fortement!
Ce n'était pas un vent d'idéal, de chimère,
Il était tout gonflé des merveilleux relents
Des eaux dormantes et des fondrières.

Il y a quelque chose de mort dans cette âme,
Quelque chose qui ne bat plus, qui sonne creux!
Sagesse! et les destins ironiques proclament
La naissance d'un jour clair et joyeux!

Sagesse! il faut viser aux choses éternelles,
Retourner vers le temple et ses secrets accords,
Où l'on entend, quand on se penche sur leurs stèles,
Si doucement battre le cœur des morts...

Les laveuses

Il aurait fallu voir les arbres de plus haut,
A leurs crêtes, le vent qui joue parmi les branches,
Ce vent du Sud qui d'ordinaire est gonflé d'eau
Et qui rejoint si lentement l'autre lisière;
Tu l'entendras monter, Gemma, si tu te penches,
Car j'ai le nez d'un chien de chasse, pour prévoir
Les tempêtes qui font déborder ma rivière :
Nous n'avons plus le temps de battre avant ce soir
Les nippes d'un village qui va disparaître...

Nous n'avons plus le temps de nous enfuir : peut-être
As-tu déjà compris cette folle aventure,
Cette descente vers les pays de la mer,
A ce ruissellement où l'on voit des figures
Adorables, des voix d'enfants à la dérive
Et l'appel des hameaux que les eaux ont couverts

Mais ce n'est pas le vent qui roule de la sorte,
Nous l'aurions reconnu d'une peur instinctive :
Les barrages ont dû se rompre, les eaux mortes
Vont s'engouffrer à perdre haleine devant nous :
Gemma, ne pense pas de mal de ma rivière,

C'est toute la vallée en hiver, les remous
Qui tressaillent dans un frisson perpétuel :
Gemma, c'est beaucoup plus qu'un lavoir solitaire
Si doucement porté qu'on le croit immobile,
Mais devant nous des formes mouvantes défilent
— Et le vent qui déploie tes cheveux sur le ciel!

Tu perçois maintenant le bruit des eaux qui montent,
Nous sommes entraînés au milieu des courants :
Tu vas revivre la légende qu'on raconte
Le soir, dans les hameaux que la tempête isole :
Une maison de bois dérivant vers la mer,
Qui passe avec des chants et des rires de folles,
Et jamais retrouvée dans le vallon désert...

Te souviens-tu, Gemma, d'une telle tempête?
Elle est gonflée de tant de rumeurs de là-bas,
Celles des villages que l'eau gagne, des bêtes
Bousculées d'une peur que tu ne comprends pas :
Elles se sont enfuies sur les hautes jachères
Avec les hommes, tout un monde immobile et traqué
Qui regarde d'en haut déborder ma rivière
Où deux êtres s'en vont sans vouloir débarquer!

Et nous sommes les seules des âmes vivantes
Que les eaux mêleront aux choses irréelles
Dans l'émerveillement de retrouver en elles
Des régions aimées que leur passage enchante,
Les herbes des prairies qu'on connaît une à une,
Et les hameaux tous feux éteints, au clair de lune
Où va rôder la grande peur, en pleine nuit!

Mais nous serons si loin parmi d'autres villages,
Nous passerons avant la vague qui détruit,

Pour voir les champs perdus dans une nuit d'hiver,
Et les aubes givrées au fond des paysages,

Et dans l'aurore les premiers oiseaux de mer...

Regains

Regains... tout le reste de la plaine est fauché;
Ce vague de l'esprit qui rôdait sur les chaumes
S'en ira balayé par le vent; le fantôme
De l'éternelle inquiétude est desséché.

Regains... je vais pouvoir nager dans le vert tendre
Des prairies, le fouillis des odeurs végétales,
Et lécher la rosée à même les pétales...
Regains... ne pas s'abandonner, mais tout comprendre.

Laisse couler en toi l'ambiance dorée;
Puisque le désir vient d'embrasser ces collines,
Caresse-les des mains : elles sont féminines,
Frémissantes, comme des vagues nacrées.

Où vas-tu, battant l'air divin avec fureur?
Je te croyais gonflé de calme et d'espérance,
Mûri pour la sagesse et pour la renaissance...
— Peut-être la renaissance de la douleur...

La plaie

Un champ clairsemé de plantes roses,
D'autres brusquement montées en graines :
Mes mains tremblent de les recueillir
Tellement leur odeur est fragile.

Je sais bien où germent les semences,
Le ciel qu'il leur faut pour s'épanouir
Hors les déchirures de la chair,
Toujours contenue sur elle-même.

Je sentirai croître leurs racines,
Je serai le mort nourricier,
Le vent qui traînera sur les eaux
Toute la volupté des fleurs mâles.

Cette plaie si rare où je me vautre,
Cette crevasse tant caressée,
Quelles folles mains l'ont fécondée
De graines noires et mortelles ?

Là où sont les étoiles de mer,
Par delà d'autres plaies si pareilles,

Et leurs bras adorables qui rampent
A même la chair, je vais partir

Là où reposent d'autres souffrances,
D'autres joyaux sur un fond obscur,
Et de la transparence des îles
Qui restent toujours roses la nuit...

✡

Une tête qui m'enchante
Par son sourire lointain...
Mais quelle ombre décevante
Cèle ce masque divin ?

Ces grands yeux qui me transportent,
Leur paysage secret...
Ah! faut-il qu'elle soit morte
Pour sourire sans arrêt ?

Laurence endormie

Cette odeur sur les pieds, de narcisse et de menthe
Parce qu'ils ont foulé dans leur course légère
Fraîches écloses, les fleurs des nuits printanières
Remplira tout mon cœur de ses vagues dormantes;

Et peut-être très loin sur ces jambes polies,
Tremblant de la caresse encor de l'herbe haute,
Ce parfum végétal qui monte, lorsque j'ôte
Tes bas éclaboussés de rosée ou de pluie;

Jusqu'à cette rancœur du ventre pâle et lisse
Où l'ambre et la sueur divinement se mêlent
Aux pétales séchés au milieu des dentelles
Quand sur les pentes d'ombre inerte mes mains glissent,

Laurence... jusqu'aux flux brûlants de ta poitrine,
Gonflée et toute crépitante de lumière
Hors de la fauve floraison des primevères
Où s'épuisent en vain ma bouche et mes narines,

Jusqu'à la senteur lourde de ta chevelure,
Éparse sur le sol comme une étoile blonde,
Où tu as répandu tous les parfums du monde
Pour assouvir enfin la soif qui me torture!

L'appel

Pour me combler, il faut abandonner encore
Le silence et le vent des cieux paludéens,
La caresse indécise et trouble de l'aurore,
Les grands vols de novembre aux horizons marins;
Car tu retrouveras ces choses qui te grisent,
Et plus profondément, au sein de mes yeux clairs,
La caresse et le vent des aubes indécises
Et toute la douceur des vols en pleine mer.

Rappelle-toi ce soir de lune, ces fantômes
Qui te faisaient presser ma poitrine si fort,
Les ongles ras et seul le frôlement des paumes,
Mes lentes mains montant tout le long de ton corps;
Rappelle-toi ce vent de nuit qui faisait rage,
Ton ventre haletant, tes doigts crispés au sol
Quand je te possédais jusqu'à ton cœur sauvage
Apre, comme celui des oiseaux de haut vol.

Écoute : c'est un cri de bête agonisante...
Il doit être entendu par tant d'autres que toi,
Tous ceux qui ne sont pas apprivoisés, qui sentent
Encor l'âcre parfum des marais et des bois.

Écoute : c'est un cri de détresse animale,
De peur ; il cessera dès le lever du jour...
Tu connais bien pourtant le cri d'appel des mâles
Solitaires, quand vient l'époque des amours.

Tu n'as pas dû sonder mon cœur jusqu'à la sève ;
J'ai des bas-fonds aussi, farouches et secrets,
Des basses régions que des brouillards de rêve
Isolent dans la paix fiévreuse des marais ;
Et pour toi seule, ô ma petite sauvagine,
Des pentes d'ombre et de hauts gagnages déserts
Où tu pourras gonfler follement ta poitrine
Des vents qui te portaient autrefois sur la mer.

Vois-tu, tous ceux qui hurlent leur mélancolie
Sont des oiseaux traqués et seuls qui vont mourir,
Ou bien des impuissants, des faibles qui supplient ;
Ils épuisent en eux leur soif et leur désir,
Ils ont abandonné pour d'âcres solitudes
Le vol dans les hauteurs sur les routes du Nord,
Ils te dégoûteraient par leur inquiétude,
Par l'odeur écœurante et fade de leurs corps.

Pourquoi veux-tu glisser d'entre mes bras ? ô folle,
N'entends-tu pas que cet appel est déjà mort ?
Regarde l'horizon, nul passage ne vole,
Tes frères ne sont pas sur le retour encor ;
Tu ne pourras jamais soulever ton corps frêle,
Et si tu les rejoins, ils fuiront pour toujours,
Lorsqu'ils verront, gravé sur la pente des ailes,
Le signe ensanglanté qui marque mes amours...

La mort de l'autre

C'est du beau sang, murmurait-il, du beau sang d'homme!
Il y eut donc un mort parmi vous, cette nuit ?

L'autre est venu, portant d'étranges cortinaires,
Des volvaires fragiles qu'il avait cueillies
Pour ce festin qui fut sa dernière folie.
Nous avions toujours su qu'il était un faussaire,
Mais il nous regardait avec tant de dédain!
« Lequel sera mon vrai disciple d'aventure ?
« Lequel viendra manger le poison dans ma main ?
« Je le donne à mes chèvres comme nourriture... »

Et cette prophétie nous revint mot à mot :
« Il n'aura pour disciples que des animaux
« Et se tuera devant les hommes, par vengeance! »

« C'est du beau sang », murmurait-il, « un peu vicié... »
— Il l'avait recueilli pour mieux l'étudier,
Et le fixait devant le jour par transparence...

Les anges sauvages

C'était peut-être en ce décembre légendaire
Où nous sortions du rut acide de l'esprit,
Déçus, le cœur gonflé du mépris de la terre,
Plus qu'aux temps oubliés où nous étions partis
Vers les froides régions qui devaient nous parfaire.

Tu m'as dit : il faudrait nous envoler de nuit,
Nous n'aurons pas besoin de carte ou de lanterne
Pour surprendre au matin des anges endormis,
Bien abrités des vents qui montent des cieux ternes
Vers les hauteurs vierges où souffle l'Esprit.

Il faut partir pour de très longues randonnées,
Comme aux jours disparus où nous courions les cerfs ;
Puisque les amitiés les ont abandonnées,
Nos âmes trouveront dans les aubes d'hiver
Des tendresses d'enfant à peine imaginées.

J'étais alors navré au profond de ma foi,
Bien au-delà de mes complaintes inutiles
Et de l'amour secret que je portais en moi,
Par le prolongement de ces heures stériles
Où le doute et l'ennui me harcelaient de froid.

Et nous avons marché tous les deux vers le Nord,
Vers le Nord lumineux et vif des hauts gagnages
Où passent en vibrant des abois et des cors,
Quand surgissent les grands voiliers d'anges sauvages
Qui ne retrouvent pas la porte des cieux morts!

Courons : la pleine lune doit veiller encore
Sur la futaie où rentrent les oiseaux de nuit;
Nous allons détacher notre meute sonore,
Avant de parvenir aux cimes de l'Esprit
Sur la jetée irradiante de l'aurore!

Courons : les bords du ciel sont déjà découverts,
Nous pouvons dans le vent brandir nos oriflammes,
Les abois maintenant sont répétés et clairs...
Toujours plus loin dans les solitudes de l'âme!
Courons! nous allons les mener jusqu'à la mer!

Il faut absolument les suivre sur les plaines,
Les pentes au levant qui craquent de blancheur,
Voir resplendir à l'aube des îles lointaines,
Où des oiseaux de mer, des cygnes, des pêcheurs
D'eaux profondes se sont rassemblés par centaines!

Et les anges cerclés de givre et de soleil
Prendre leur vol, d'un seul coup d'ailes, sur la glace;
Et les enfants surpris à l'heure du réveil,
Affolés par l'éclat brutal des cors de chasse,
Lever leurs mains encor pesantes de sommeil!

— Mais rien, rien... Maintenant le ciel est vide et sale.
Le vent du Sud? il va pleuvoir un jour entier...

Pourquoi m'avoir promis une aurore royale ?
Et ces meutes qui ne cessent pas d'aboyer,
Que voient-elles, le cou tendu dans la rafale ?

Qui rappelle là-bas, tout au bout de la plaine,
Répétant son cri funèbre indéfiniment,
D'un rythme pareil, sans reprendre haleine ?
Qui rappelle là-bas, d'un son désespérant,
D'un son plus navré qu'une voix humaine ?

Ce doit être une bande immense de corbeaux
Se disputant entre eux le cadavre d'un ange
Ou d'un oiseau, mettant ses ailes en lambeaux,
Et jetant à la ronde ce concert étrange,
Ce chant de victoire sur un tombeau !

Et pourtant dans mon cœur ces frissons adorés,
Cet appel familier qui déchira ses membres,
Les chiens qui n'osent pas le sentir de tout près...
Lorsque sont arrivés les Enfants de Septembre,
N'en est-il pas un seul qui se soit égaré ?

Nous avons écouté s'il respirait encore,
Tous les corbeaux planaient autour sans disparaître,
Les chiens ne voulaient pas s'approcher de son corps...
Sans l'avoir jamais vu, je crus le reconnaître :
Il était renversé — la bouche ouverte — mort...

Il souriait encor de ses yeux puérils,
Ses prunelles jetaient encore un peu de flamme...
Mais pourquoi ces enfants sauvages errent-ils
Dans les plus solitaires régions de l'âme,
Poussés vers je ne sais quel lamentable exil ?

Deuxième épître d'un quêteur de joie à Lorenquin

L'Évangéliste qui veillait dans une impasse,
Je suis allé le voir, mais il n'écrivait plus;
Mes offres de monnaie, fausse ou vraie, l'ont déçu :
Il comptait, m'a-t-il dit, sur de plus hautes grâces,
Que je ne pouvais pas lui donner sans mentir...

D'autres ont ri de mon récit à perdre haleine,
Mais par quels sens l'ont-ils compris ? A peine
Ont-ils pu pénétrer mes plus inquiets désirs,
A peine ont-ils suivi le fil de cette histoire
Où l'on voit, paraît-il, des enfants s'allier
A des anges créés dans un laboratoire...
A ce point-là de l'ombre, on peut les oublier!

D'autres plus incisifs ont mieux compris le thème,
Mais ils ne jouaient pas le jeu du même bord,
L'ayant perdu à la découverte d'eux-mêmes.

Un seul s'est souvenu de ces anges sauvages,
Tels que je les ai dits dans leur vol et leur mort;
Il a perdu depuis tous ses plus hauts gagnages,

Mais autre part peut-être il les retrouvera,
Si la partie qu'il joue n'est pas trop difficile...

Un coup de vent pourtant le mènerait là-bas,
Car il contient un ciel qui ne domine pas
Les autres cœurs, trop satisfaits et trop tranquilles...

Rythme

Ce corps gonflé, dont toutes les veines battent,
Les douces sinuosités violet sombre
Que les mains recherchent pour leur résistance,
Les yeux pour leur essence secrète et rare,
Je pars de lui, Laurence, avant toute chose;
C'est ce rythme animal de marée montante
Qui seul s'impose follement à l'esprit
Pour chanter la plus grande part des amours;
C'est un thème beaucoup plus lent que le cœur,
Qui mène plus sûrement à la Beauté,
Ce rythme large et profond de ta poitrine
Soulevée, où luit le feu noir d'un joyau...
Vois-tu, pour tout ce qui n'est pas éternel,
C'est vraiment la mesure de toutes choses
Que j'aime, la seule voie où j'y accède;
Et si facile à retrouver dans un chant
D'oiseau, le flux et le reflux de la mer,
Et dans le vent, la part féminine du vent...

Mais pour le reste, Laurence, tout le reste?

A perte d'âme

On le voit comme un coup d'ailes parmi les vagues,
Comme un reflet d'oiseau de haut vol sur la mer...

N'étaient-ce pas le même oiseau, les mêmes vagues,
Jadis — le même ciel à l'aube découvert ?
N'était-ce pas son chant de rut, son chant d'amour
Que les rivières entraînaient à l'aventure ?
Et n'était-ce pas lui, cet éclair de l'écume,
Cette lumière unique sur les eaux obscures
Qui nous ensorcelait à la chute du jour ?
Et n'était-ce pas lui qui poussait dans la nuit
Par milliers ces oiseaux des zones solitaires,
Cette rumeur venue d'un monde évanoui...

Il prenait des aspects parfois extraordinaires !
Un astre originel déformé par le froid.
Mes yeux étaient créés pour voir dans sa lumière,
Je pouvais m'enfoncer dans l'ombre, sans effroi...
D'un orient semblable à ces étoiles roses,
Il s'élevait hors des abîmes, lentement,
Pour pénétrer dans le sommeil de toutes choses ;
Je le sentais venir par delà le silence,

J'attendais dans le soir jusqu'à l'épuisement
Ce long tressaillement qui prouvait sa présence...

Et les échos perdus sur les fibres profondes,
Et les cloches de la damnation du Monde!

Je haletais à n'en pas croire mes oreilles :
Il a surgi, porté par un courant du ciel,
Presque rouge et gonflé d'une ivresse pareille
A la folie, battant d'un choc perpétuel
Mes tempes, comme un cœur qui frapperait à vide,
Et ballotté par tous les vents...
Pourtant, limpide,
Ce rythme hallucinant qui ne cesse jamais.
Il monte auprès de moi, venue d'autres poitrines,
La respiration des morts que je connais,
Et surtout la moiteur nocturne des racines,
La sève recueillie dans l'ombre avant l'essor...

Mais les cloches, les cloches d'abord hésitantes,
Les voici revenues dans la poussée des plantes
Qui cherchent la luxure au-dessus de la terre,
Hors des haleines, des respirations de morts;
Et la douceur, la volupté de s'enliser
Lentement, sous un astre froid et solitaire
Qui ne tressaille plus; et la joie d'imposer
A son souffle, le même rythme que les morts,
A son cœur, la même cadence que les morts,
De sentir sourdre autour de soi la grande fièvre
Végétale, qui va s'épanouir dans l'air, —
Jusqu'aux lèvres et un peu plus haut que les lèvres
De descendre...
Il fait clair de lune sur l'enfer!

Une nuit transparente de givre — le ciel
Désolé — mes pieds nus qui font craquer le gel :
Chercher une ombre à la dérive des rivières...
Il doit faire à présent pleine nuit sur la terre!
Chercher une ombre pour dormir, pour épuiser
Cette rumeur de cloches qui n'a pas cessé.

S'éloigne... respirer doucement et l'entendre
Se perdre à l'infini, mourir...
                                                mais pour aller
Vers quel gouffre d'absence où l'on ne peut descendre...

Il me prend un désir insensé d'appeler
Et de courir à perdre haleine après les cloches,
Après l'heure perdue que ma course rapproche
Aux basses régions qui ne sont plus permises...

Maintenant, elles sonnent à toute volée
Dans le clair de lune, et leurs voix se cristallisent
Sur les vagues, leurs voix sont maintenant mêlées
Aux vagues, transportées d'un éternel accord!
Alors, cette rumeur dans le ciel terne et mort
Serait née sur un cours transparent de rivière,
Cette rumeur, à perte d'âme, de la terre ?

Maintenant, il faudrait me pencher sur ces eaux,
Écarter les remous qui troublent ma figure,
La voir se déformer par des remous nouveaux;
Et puis, tenter la lente et tranquille aventure,
Sur les courants grisés du feu perpétuel
De mon étoile, aller dans l'heure interminable
Un peu plus loin que toute chose désirable
Avec mon ombre froide imprimée sur le ciel,

Avec l'autre, entraîné sur le cristal des roches
Profondes, entraîné doucement vers la mer
Avec elle, à la dérive jusqu'à la mer
Avec les cloches, avec le son passé des cloches...

Le seul problème

Tu chantes ce qui fait battre ton cœur,
Toute la part animale du vent,
Celle qui souffre, qui geint, qui prend peur,
Celle qui bouscule l'âme en avant.

Lorsqu'un jour tu sauras que tu la tiens
Serrée dans tes bras fous, jusqu'à sentir
Le rythme d'un cœur si pareil au tien,
Beaucoup plus sourd et proche de mourir,

Toute l'alchimie des mages savants,
La science de l'âme et celle du corps,
Te forceront à chercher dans la mort
Ce joyau secret de quel orient!

Au delà de la joie

à F. G.

Il faut dormir dans l'herbe haute,
Tous le flux végétal aux racines,
La caresse, le long des côtes,
Le long du ventre, féminine,
Des basses tiges d'anémones.

Les ombellifères s'inclinent!
Prendre racine avec les dents,
Mordre le vierge... si personne
Ne vient nous hanter dans le vent
Qui fait monter des bouffées chaudes.

Nous renoncerons au poème,
Le seul rythme parfait qui rôde
Parmi tant d'ombres incertaines
Et celles que l'on porte aux autres
Des hauteurs de l'isolement.

Les yeux gonflés d'une lumière
Plus rutilante que les vôtres,

Pauvres! jusqu'à l'épuisement,
Mordre la luxure des plantes
Jusqu'à leur semence première,

Pour se donner comme une amante,
La baie ouverte sur la mer,
Le corps brûlant qui s'abandonne
Jusqu'à l'extase de la chair
Au frôlement des anémones...

Il faut narguer tous ceux qui sombrent
Dans le médiocre, dans le plat,
Tous les faibles, tous ceux de l'ombre,
Ceux qui ne se suffisent pas,
A la dérive, ceux qui sont morts...

Morts de froid en pleine tempête,
Pour avoir accepté leur sort
Ou bien pour s'être humiliés;
Morts de froid dans la pleine fête
Des sens, bras et ventre liés!

Mais cerclés d'ombre tels des torches
Et boursouflés par le plaisir,
Devant le plein ciel qu'ils écorchent,
Ils laissent aller leur désir
A la rencontre des étoiles.

Pour moi, gonflé jusqu'à la moelle
Au delà du rut de l'esprit,
Je veux sans quitter cette voie
Épuiser seulement le prix
D'une tempête de la Joie...

Lorsque sont montés les dégoûts,
Lentement, pareils à des hyènes,
Ils venaient des zones aimées
Jadis — maintenant les plus vaines,
Les plus abandonnées surtout,

J'ai bu l'haleine parfumée
De ces rancœurs vertes et roses,
Crudité des amours d'enfants,
La fête qui se décompose
Sous un ciel d'orage étouffant.

Tu n'as su peut-être jamais
Autant qu'à cette heure animale
L'écœurement mortel des mâles,
Vautrés, repus et satisfaits
Comme les foules des dimanches.

Il vaut mieux tout abandonner
Pour la volupté de soi-même,
Puisqu'on trouve, lorsqu'on se penche
Sur ses bas-fonds, sans frissonner,
Le plaisir de l'homme, suprême,

Et puisque les autres n'ont pu
Élever par-dessus l'absence,
L'amour des autres et la mort,
Cette joie de la connaissance
Faite en carcasses de vaincus,

Débordement d'âme en rafale,
Dressé comme une cathédrale
Sous un ciel d'azur éclatant,
Permis par cette heure royale
D'une tempête de printemps!

Hulmaune

Ils ne se doutent pas que leurs voix se prolongent
Follement — parmi les rivières et les bois,
Que leurs premiers appels résonnent comme en songe,
Qu'ils vont gagner d'autres rivières, d'autres bois,
Émerveillés par la naissance de l'hiver.

Tes yeux sont affolants de calme et de silence;
Tu ne t'étonnes pas des miens qui sont ouverts
Sur des régions perdues au fond des transparences.

Ils ne devinent pas jusqu'où leurs rires portent;
Mais jusqu'aux pentes les plus basses, c'est un écho
Continuel qui fait tressaillir les eaux mortes,
Et lentement en moi — réfléchies sur les eaux
Mortes — les cloches de la damnation blanche.

Tu ne les avais pas décelées dans le vent,
En écartant pour mieux monter les jeunes branches
Des frênes, clairsemés et penchés en avant.

Dans un hameau, tout cerclé d'ombre, au crépuscule,
Des voix d'enfants, des cris d'enfants — perpétuels;

Ils ont cristallisé dans l'âme où je recule
Et sur le sol couvert de givre, et sur le ciel,
Une prodigieuse apparition lunaire.

Ils doivent s'amuser à singer son maintien,
Faire de gigantesques pas imaginaires :
Le désir fou m'a pris de marcher dans les siens!

Je suis entré d'un coup dans son extravagance,
J'ai pu lever mes bras au-dessus de la nuit!
Ils ne se doutent pas encor de ma présence :
Pourtant mon cœur tressaille avec un si grand bruit
Que malgré la distance je l'entends moi-même...

Ils chassent par gelée blanche, tels des renards,
Mais ce soir je serai le compagnon qu'ils aiment,
Dans la veillée qui va se prolonger si tard...

Je leur raconterai de quel secret langage,
Les affûts et la traque après le petit jour,
Et les accouplements tout en haut des gagnages,
Le Noël des bêtes qui commencent l'amour
Sur les pentes givrées par les vents de décembre.

Je leur dessinerai de la bouche et des doigts
Sur les carreaux brouillés par la moiteur des chambres,
Les plus inavouables des contes du froid.

Ils seront appuyés contre les vitres frêles,
Ils seront enchaînés par mon rire éperdu;
Ils supplieront alors pour savoir la plus belle
Légende, le dernier des contes défendus,
Dont on ne peut montrer le trouble sur le givre...

Alors, ils ouvriront la porte doucement;
Je passerai des heures mortes à poursuivre
Mon histoire au milieu de ces enfants dormants...

— Et comprends-tu, c'est Hulmaune, tout le plateau
De Hulmaune : j'ai révélé le grand mystère;
Avoue-moi que jamais tu n'as trouvé ce mot
Autre part; jamais plus aux heures solitaires,
Je ne le redirai comme j'ai fait ce soir.

Écoute-moi : tu sais dès lors le mot de passe;
Prononce-le tout bas quand tu viendras me voir :
Hulmaune! c'est le plus tragique appel de chasse!

Hulmaune! Hulmaune! c'est un vrai cri de chouette,
Celui du vent, celui de toute l'ombre enfin!
Ils m'attendent : je les entends qui le répètent
A voix basse — et longtemps battu jusqu'à la crête,
D'arbre en arbre, de bois en bois — jusqu'aux ravins...

Hameaux

La pluie... et puis l'attente sur les cimes,
Un ciel triste et lavé, plein de torpeur;
Un ciel triste et lavé jusqu'à la plus intime,
La plus basse des régions du cœur...

Monter à pas de loup jusqu'à la crête,
Gagner les hameaux dans l'ombre enfouis :
Voici que surgit cet appel de fête,
Les lampes qu'on allume pour la nuit.

Il vient comme un clair reflet de fenêtres,
Un rire d'enfant qui va s'endormir,
Et si proche du monde avant de disparaître
Dans le ciel féerique de ses désirs.

Les enfants, on les entend qui s'endorment
Doucement : ils doivent être envolés;
Dehors le vent de nuit fait s'agiter des formes
Vagues : le vent de nuit s'en est allé...

Lentement se perdent dans les abîmes
D'un ciel triste et lavé, plein de torpeur,

D'un ciel triste et lavé jusqu'à la plus intime,
La plus basse des régions du cœur...

✡

Nous avons touché les confins
De la désespérance humaine,
Et les remèdes à nos peines
Nous les avons jetés aux chiens.

Mais je méprise vos secrets,
Je méprise votre silence :
Je vous possède en votre absence
Plus profondément que jamais!

Épître de Lorenquin

Ce que je t'écris là n'est pas une réponse,
Mais plutôt mon dernier avis spirituel :
A ce point-ci de la grand-route qui s'enfonce
Dans la Joie, mon amour est presque sensuel,
Je vis sur d'autres sens qui semblent de folie...
Si tu savais combien les routes sont multiples,
Comme il en est de plus faciles qu'on oublie...

Si je le dis au plus petit de mes disciples,
C'est parce que son cœur est trop impatient,
Qu'il voudrait me sentir tout près, à chaque instant...
Terre! Terre! tu viens de découvrir un monde!
Tu demandes déjà s'il est inhabité...
Hâte-toi d'aborder avant l'obscurité,
Ça s'engloutit pendant la nuit à toute sonde,
Les îles...
Ah! toujours ce désir inquiet,
Jaloux, cette folie d'être seul au banquet!

Si dans un autre cœur, tu vois un admirable
Paysage, c'est que tu ne l'as pas en toi;
Et pourquoi le trouver tellement admirable ?

Si plus profondément encor tu le conçois,
C'est qu'il peut être suscité dans ta propre âme,
Que la beauté en toi cherche à le dépasser :
Pourquoi donc admirer ce qu'il faut dépasser ?

Mon petit cœur tant amical, dénoue la trame
De ces choses tout seul, mais n'y retrouve pas
La règle de l'amour des autres : celle-là
A la grande folie va prendre sa naissance.

Mon petit cœur tant amical, sous ce seul mot
De folie, tu sauras le mouvement qu'il faut
Faire, la partie qu'il faut perdre : pas de chance !

Épiphanie

Une forêt, la nuit et sans pénombre
Avec des arbres droits et clairsemés,
Et l'éclat du cristal à l'extrémité des branches.

Pour se mouvoir à pas lents vers la lumière,
Les yeux abîmés dans le ciel :
Laisse ton livre pour la contemplation du ciel,
La naissance végétale de l'aube.

Au lieu des escaliers surchargés de pierreries,
Une montée, la nuit, entre des arbres transparents,
Le compagnon spirituel à mes côtés
Qui ouvre des yeux adorablement beaux.

Où courez-vous entre les rangs de jeunes frênes ?
Nous avons eu mal aux vertèbres de nos cous
Pour avoir trop jeté la tête en arrière,
— L'étoile que nous dépassions.

Il faut partir, me dit l'ami spirituel,
Donnez-moi votre main pour l'heure de l'envol,

Je ne sens déjà plus la même attirance
De la terre, — mais l'autre, prodigieuse, grandit...

Les arbres, ils étaient droits et clairsemés;
Il me souffla : C'est l'heure...
Nous sentîmes les branches qui frôlaient nos visages.

L'air vif battit nos fronts quand ils les dépassèrent...
Il se tenait très loin et seul,
Et tout le ciel était tendu vers Lui.

Et nous chantions avec des voix qui ressemblaient
A celles des branches, avec un son de voix
Qui pouvait être celui du vent dans les branches :
Joie, Joie! car l'homme est sur ses fins!

Une pente indicible de blancheur,
Foulable aux pieds, non pas imaginaire,
Où montaient de grands équipages de rois.

Venus par vagues des villes abandonnées,
Avec leurs ombres
Et les dons les plus beaux de toute la terre.

Pour graviter si lentement dans la lumière
Autour de Lui :
Laisse tes autres sens pour la gravitation dans la lumière...

Et nous chantions avec des voix qui ressemblaient
A celles des Anges, avec un son de voix
Qui ressemblait à l'extase des Anges :
Joie, Joie! car l'homme est sur ses fins!

Il se fit un arrêt de toute vie actuelle,
Nous étions suspendus par l'amour,
Les bras en croix qui nous portaient dans l'air.

Une vague immense monta jusqu'au solstice,
Laissant un sillage derrière elle
Que d'autres vagues effaçaient.

Nous approchions si lentement de son visage,
Nos yeux se tendaient vers ses yeux
Nous ne vivions plus que par le désir...

Il eût fallu des prunelles beaucoup plus larges,
Pour contenir sa lumière merveilleuse,
Et les nôtres brûlaient telles des torches.

Alors nous fûmes tous poussés vers une même voie :
Elle se déroula comme une nébuleuse
Et des milliers d'oiseaux polaires...

Inscription

Passant, veux-tu connaître un homme condamné
A méditer sur l'autre face de son rôle :
Il en appelle à Dieu du jeu qu'il a mené...
Ne souris pas : cette leçon n'est pas si drôle,
Cette leçon d'un mort au mort qui le suivra!

Écoute : la leçon étrange que tu chantes
Dans sa langue inconnue, chacun la traduira;
Je la vois transformée en mille variantes,
Faussée à l'infini selon le cœur qui bat
Et qui voudra trouver le thème de la sienne!
D'autres décèleront cette clef ancienne
La loi des Nombres — au service de la loi
De l'âme, et quantité de semblables sottises...
Ah! plaise au ciel qu'un cœur assez pur la traduise
Et parvienne de là jusqu'à l'amour divin!

Qu'importe d'y trouver un contresens de vie,
Peut-être un soin pédant de bâtir sur les ondes
Un tombeau fait de quelques éléments humains,
S'il entre un seul passant dans cette hôtellerie
A l'enseigne de la délivrance du monde!

La chasse à l'ange

Tiens-le par les ailes, il ne bougera pas.
Peut-être vaut-il mieux le tuer tout de suite;
Pourquoi faire souffrir un ange ? tu hésites,
Si tu le laisses s'en aller, il se perdra;
Alors ? place sa tête dans ta bouche et mords
Comme pour un oiseau... tu refuses ce rôle
De bourreau ? c'est rapide et parfois assez drôle,
Un moyen admirable de donner la mort.

Laisse-le maintenant : il n'a pas de blessure;
Tu vois ses yeux, ses ailes, sa gorge... c'est bien
L'ange des bois, le Silvaticus des anciens,
Plus rare et précieux que tes autres captures,
Difficile à chasser même par les grands froids;
Pourtant il est tombé franchement dans le piège.
Pour la première fois qu'il voyait de la neige!
C'est un jeune : il a des duvets entre les doigts.

Allons, je parierais que la pitié te hante!
C'est le dernier état d'esprit qu'il faut avoir
A cette heure; surtout, que ton appel ce soir
Ne soit pas proféré d'une voix haletante,

Un impossible cri d'amour, pour les oiseaux;
Ils s'effraieraient bientôt de ce cri qu'ils ignorent
Même au printemps... appelle doucement encore,
Un autre doit planer au-dessus des roseaux.

Si tu es calme alors, si le moindre frisson
D'angoisse ou de rancœur ne rôde sur ta face,
Tu peux de tes dix doigts dessiner sur la glace
Des jeux irréels, des légendes, des chansons...
Regarde-le : il vole lentement tout autour
Du miroir; il va rester fasciné peut-être,
Un visage d'enfant derrière une fenêtre,
Seul, dans la chambre tranquille de tous les jours.

Prends-le, mais doucement; il n'est pas très farouche,
Ses yeux sourient déjà pour te faire pitié,
Et jettent des regards puérils d'amitié;
Il va mettre sa petite main sur ta bouche
Pour arrêter un mot cruel qui le tuerait;
Il va te murmurer : ne crois pas que je pleure,
Mais on m'attend là-bas depuis de longues heures;
Les autres vont penser que je suis égaré.

Alors, si vraiment tu ne te sens pas faiblir,
Si ton sang d'oiseau sauvage ne se réveille,
Si plus rien dans sa voix ne trouble ton oreille
Ou ton âme, si tu prends joie à voir souffrir,
Achève-le : qu'il reste collé sur la glace,
Par la hantise de tes yeux que les siens touchent,
Par la hantise de ta bouche sur sa bouche,
Par ce sourire que son souffle rauque efface,

Par tout un horizon découvert, si étrange,
Le premier mouvement d'amour un peu charnel,
Mais décevant... — les lèvres figées par le gel...
— Laisse-le : tu seras plus que le chasseur d'anges,
Leur tentateur... il va mourir de désir comme
Les autres... Alors tu pourras prendre son corps
Et chercher dans la montée lente de la mort
Le beau secret de la connaissance de l'homme!

La joie

Un livre — et je l'ai cru royal :
De la méthode du froid de l'âme
Considérée comme route unique de la Joie.

Penche-toi sur ce battement sourd et sans vie,
Approches-en ton cœur qu'il voulait refléter,
Avoue qu'il le traduit surtout par ironie.

Tu ne peux éviter comme un coup de couteau,
Comme une lame aiguë et stridente de mer,
Cette montée du sang dans la plaie du bourreau.

Et tu voudrais transcrire en froid ce cri de peur,
Ce cri de peur épouvantable et prolongé,
Ce cri de mort, déjà...

Aime-moi : montre-moi jusqu'à quel point tu m'aimes,
Jusqu'à quel point tu peux te dépasser toi-même;
J'agrandirai ton cœur pour contenir tout ton amour.

Souviens-toi de ce vase enfoui sous ton manteau,
Que tu remplis toi-même à ma blessure!
En as-tu honte ou bien es-tu jaloux ?

Pourquoi ne l'as-tu pas offert à d'autres bouches ?
Vous cherchiez la Joie dans toutes voies offertes,
Mais vous avez faussé le rythme de vos cœurs.

Que n'avez-vous souffert de la souffrance des autres,
Et non de leur pitié ?

Qui vous consolera d'être des créatures ?

Aime-moi ; aime-moi toujours et davantage,
Caresse-moi jusqu'à l'épuisement des mains :
Tu peux tout concevoir en un instant d'amour...

✡

Marais à sec, anges brisés !
Tout le côté pourri de l'âme
S'enfonce dans l'oubli ; sa flamme
Est morte : on peut ironiser.

Mais comment chanter les dégoûts,
La fièvre du mal, sa naissance ?
Il est vain d'en feindre l'absence,
Nous les retrouverons partout.

Sous les mots gonflés de soleil,
Nous devinerons l'autre pente,
Celle de l'ombre, si troublante
Avec ses horizons pareils.

Et surtout leur brutal éclat,
Cet arrêt d'une joie éclose,
Nous prouvera que nulle chose
Ne peut nous mener au delà...

Fête de nuit

(Je n'ai rien entendu, mais senti sa présence,
Troublante, comme certaines opalescences
Ou le clair cristal des prunelles de hiboux;
Il montait lentement en moi comme un remous,
Ces lointaines colonnes de vapeur, féerie
Que l'on voit par les nuits d'hiver sur les prairies;
On eût dit un fantôme extraordinaire, ailé...)

Hâtez-vous, hâtez-vous : la suite peut attendre;
Pour atteindre la fête où vous comptez aller,
Je ne vois vraiment pas d'autre chemin à prendre.
Vous êtes toujours prêt pour la prochaine fois!
Lâcheté! le reste, vous pouvez bien le faire
En un instant, à part peut-être la prière;
Le pardon des injures doit vous laisser froid
Et la toilette funèbre bien insensible!
Pourquoi trembler? ce ne peut être très terrible,
Tant d'hommes sont déjà morts de cette façon,
Et nul n'a jamais dit qu'ils aient pleuré leur geste...
Ce sont bien les excès qui donnent ce frisson
A vos mains, non la peur... dites-le moi; le reste
Consiste seulement à vous laisser aller...

Prenez votre livre où manque la part de l'homme,
Un simple oubli de cette espèce dont nous sommes :
Et vous n'avez pas l'air d'en être consolé!

Venez, je vais d'abord vous raconter son sort :
Cet être extraordinaire, irréel, il est mort...
Sa dépouille est là-bas sur la plus haute branche
Des hêtres, agitée çà et là par le vent;
Le corps a dû tomber, il n'y a pas longtemps
D'ennui, de pourriture; et la tête s'y penche
Avec un sourire angélique et combien beau
Qui prouve le dernier bonheur de ce héros!

Vous souriez vous-même en pensant : tout cela
Sent le mélo! — mais l'ai-je jamais trouvé drôle?
Quelle farce pourtant vous allez jouer là!
Et vous avez évidemment le plus beau rôle.

Quant aux scrupules, noyez-en le plus grand nombre,
Le geste essentiel quand on rentre dans l'ombre.

Hâtez-vous, hâtez-vous, vous avez l'air d'attendre,
Vous cherchez à vous composer un masque, à prendre
Un sourire de circonstance, d'apparat;
Inutile! ça compte pour si peu là-bas!
Vous ne pouvez savoir à quel point il faut être
Naturel, pour jouer un rôle aussi fameux;
Personne ne viendrait vous prendre au sérieux
Si l'œil de votre masque laissait apparaître
Le rictus désolé des condamnés à mort.
Allez! ne pleurez pas, ne pleurez pas encore!
N'emportez rien, sinon ce livre d'infortune :
Ça donne une contenance devant la lune,

On ne sait pas quoi faire de ses mains,
On veut les croiser honteusement sur son sein,
Sur son ventre, on se sent vaguement ridicule...

Vous trouvez tout à coup ce geste criminel!
Vous êtes ce matin bizarrement crédule...
Quoi! vous pensiez vraiment qu'il serait éternel?

Hâtez-vous, nous allons manquer même l'aurore!
D'autres l'ont fait jadis; c'est plus tragique encore
Pour les faibles qui vont à la mort par dégoût.
Vous cherchez un moyen pour que ce rendez-vous
N'ait pas lieu : il vous faut terminer votre ouvrage!
Écrivez ce que je dis n'importe comment :
Les gens s'étonneront de ces dernières pages
Que vous leur dédierez respectueusement!
Ce seront celles de la capture de l'ange!
Pas plus ici qu'ailleurs, personne ne vous croit,
Mais vous aurez pensé aux autres, une fois...

Il me semble qu'un secret espoir vous démange,
Celui de ne pas être la proie des corbeaux;
Parfumez-vous le corps, comme on fait aux héros,
Mettez, si vous voulez, du rouge sur vos lèvres,
Le vent de l'aube vous donnera de la fièvre.
Partons; vous n'avez qu'à suivre, n'hésitez pas;
Vous ne désiriez pas d'autre fin autrefois!
Admettez aujourd'hui que vous tenez la chance;
Ne branlez pas la tête avec indifférence...
Je vous laisse prier un peu...

✲

Le désir naît de voir le monde
Inimaginable des morts;
Je suis demeuré sur ses bords
Parmi les âmes vagabondes.

Je suis demeuré près de toi,
Torturé par mon impuissance...

Vos bras tendus, vos bras immenses
Et Votre cœur désert et froid!

Épilogue

Qui marche là, devançant l'aube, en plein marais,
D'un pas égal, pressé peut-être ou apeuré ?
Qui marche là ? je sens un souffle qui s'arrache
Avec effort... Est-ce un garde-chasse égaré,
        Un rôdeur de nuit qui se cache ?

Qui marche là ? devançant l'aube et solitaire ?
Répondra-t-il avant de sortir des roseaux ?
Je ne sais s'il m'entend, car j'ai comme un étau
Sur la bouche — une haleine follement amère,
        Ses pas qui font rejaillir l'eau...

C'est peut-être une bête triste et haletante,
Je la verrai quand elle surgira du ciel...
Les chasseurs l'ont perdue parmi la nuit tombante;
Pourtant dans ma poitrine aucun frisson charnel
        Qui prédise la bête errante.

Je ne veux plus m'enfuir, serré près du marais,
Ni me cacher dans ce fouillis tremblant de rouches :
Réponds-moi, car je sens ton souffle sur ma bouche,
Surtout ce cri qui va mourir dans la forêt,
        De loin en loin, et si farouche...

— Ah! c'est toi : je ne t'avais pas reconnu...
Pourquoi reviendrais-tu mourir dans ces parages ?
Tu m'as quitté jadis sans m'avoir attendu,
Lorsque tu dépassas dans ta marche sauvage
Cette nuit dont je ne sors plus.

Tu as dû t'enfoncer plus loin que moi dans l'ombre;
Chasseur d'anges ? plutôt tentateur; tu n'étais
Qu'un pauvre séducteur et perdu dans le nombre,
Et discourant sans fin sur leur stérilité :
C'est honteux comme cruauté!

Et maintenant tu viens me retrouver pour vivre
De l'existence vague et morne d'autrefois;
C'est trop tard, bien trop tard! la voie que j'ai pu suivre,
Passionnément, tu l'avais prisc devant moi :
Mais je n'ai pas atteint le froid...

Et le vent dont tu refusais le beau secours,
Je l'ai bu... Si tu savais comme le ciel change
Lorsqu'on a vraiment su sonder le cœur d'un ange!
Tu sais qu'il est gonflé à en crever, d'amour
Sans voluptés étranges!

Maintenant, je vais t'abandonner; il faudrait
Qu'on te laisse mourir en paix sans te maudire;
N'aie pas peur : les morts reposent ici tout près;
Je voudrais seulement une fois te voir rire
Très loin, très fort sur le marais...

Petite Somme de poésie

ordonnée par
Maurice Champagne et l'auteur

PRÉLUDE

Thème de Genèse

Voici que l'homme s'est penché sur sa Genèse.

La terre était toujours entre ses bornes, triste,
La chair dormante et les ravins de chair endormis;
Les abîmes du fond de la chair semblaient vides,
A l'orient montait l'étrange jour de nuit :
L'homme était à genoux au rebord de lui-même.

Au-dessous s'étendaient ces couches nébulaires
Que les brises du ciel n'ont jamais caressées...
S'il était seulement un silence à parfaire,
La patience au cœur des morts à dépasser,
Il aurait accompli l'ineffable poème.

Mais jeter une pierre au milieu de ces brumes,
Et méditer le heurt qui marquerait le fond...
Pas un instant n'a tressailli, pas une écume
N'est apparue : solitude des créations!

Même sa voix subit le destin de la pierre,
Il n'en revient d'échos, ni de prolongements.

Alors comme il avait incliné ses paupières
Pour être calme au moins dans son recueillement,
Pour ne rien figurer d'irréel dans l'espace,
Au moins pour ne pas jouer au vertige du vide,
Ne pas se prendre au cher envoûtement du vide,
Comme il forçait ses yeux à sonder d'autres nuits,
Je ne sais pas à quelle empreinte, à quelle angoisse,
Vaguement sensuel sur le pourtour du cœur,
Il sentit remonter tout son silence en lui...

Il n'avait pas trouvé de néant intérieur!

Mais un abîme vierge, indistinct aux bordures,
Et tressaillant malgré le froid, de volupté,
Caressé doucement par son regard obscur.

Qui reviendrait de là d'autre que mon silence?
Qui pourrait prendre chair pour faire palpiter
Parmi le sang, la nébuleuse transparente
Dans son mystère originel, — mais qui respire
Du même rythme que mon corps, mais qui gravite
A l'extrême portée des musiques vivantes?

Genèse! Genèse! aborder ma Genèse!
Faut-il me féconder pour jouir enfin de moi?
Au lever de leur jour, des mondes apparaissent
Possibles à créer; mais un seul à ma voix
Doit surgir, et plus tard, les autres invisibles
Traverseront un ciel que j'aurai dépassé!

Je pressens les lueurs, le trembler des lueurs
Qui pourraient devenir mes étoiles; il rôde

Des milliers de rumeurs ensevelies et chaudes ;
Que je veux encor rendre libres... C'est l'heure
Immobile d'avant le prélude, et le plaisir
Retardé pour qu'il déborde de tout l'homme...
— Un mâle suspendu sur son éternité,
Maîtrisant une force connue de personne
Et n'ayant pas à recouvrir sa nudité,
Retenant en lui-même, au bord d'une falaise,
Devant le gouffre encor dormant de ses désirs,

Le cri d'amour divin qui va tout déchaîner !

Et c'est la nuit du Seul, c'est la nuit de Genèse !
Quelle folie de se hâter dans une telle nuit !

Un monde attend de naître et mon regard l'aimante...
Pourquoi précipiter mon chant dans la descente
Puisqu'il n'est pas d'autre orient à l'infini ?

Comme il tremble, comme il bat d'impatience !
Un long tressaillement de première marée
A ridé l'ombre et s'évanouit... Plus lentement,
Mes remous de surface, mes vagues, mes vagues...
Comme il monte et décroît et se perd en conscience !
L'heure est enfin venue de m'abîmer en lui...

Et c'est la nuit du Seul, c'est la grande descente
Vers une nuit de Poésie ! — des lueurs brèves
Surgissent de partout, et des veines flottantes
Tels des serpents de mer se chevauchent au loin ;
Les rythmes ! il en est d'étonnants qui s'élèvent,

Des formes blanches croisent dans le demi-jour,
Et s'étreignent; d'autres, très sourdement, s'appellent;
Des couples passent, lumineux, et c'est l'amour...
Jusqu'aux portées de ma vision spirituelle,
Comme s'il faisait chair encor sur mes confins...

Et c'est la nuit du Seul, la nuit originelle
D'amour! Mon cri s'en va jusqu'aux rebords extrêmes
Passant de voix en voix à son écho divin :

La nuit d'amour dans la Genèse de soi-même!

Les sept jours de Genèse

Que les plus claires laisses de bonheur
Se séparent du temps et de la marche de la mer
Et tournent sur elles-mêmes !

Sur le ciel, où les amours, les violences
Obscures, les éclairs d'eau, réfléchis
S'enfoncent loin derrière en mon absence,
Se prolongent peut-être dans ma nuit
De l'avenir, où lentement j'avance
Prédestiné jusqu'au dernier silence,
Je vois trois veines se chevauchant
Se retourner en trois cercles immenses,
Comme des nébuleuses se lovant,
Former les vraies lumineuses présences.

Qu'elles soient des îles de clarté,
Les tout premiers corps prélevés hors du temps,
Et pour les vagues qui déposent, des aimants.

O lieux enfin trouvés dans une mer fuyante,
Iles des plus parfaits, des plus secrets bonheurs

Qui frissonnez de vos trois aubes hésitantes,
États de grâce encore inconnus, que le cœur
A saisis, séparés des lueurs de surface,
De ce fourmillement sans éternel qui passe
Et qu'une âme abandonne au temps sans en mourir.
Soyez de beaux aimants où les vagues déposent
Les parcelles venues des fonds, pour agrandir
Ce fondement d'amour qu'un univers suppose.

Qu'elles expriment l'air qui doit les couvrir!
Qu'elles s'étendent lentement
Et prennent leur forme de leur propre ferment!

Sachant si peu de la clarté du fond des êtres,
Je ne les surpris pas entre mes souvenirs,
Mais à les voir gagner sur l'ombre et s'agrandir,
Un autre instant d'amour a pu les reconnaître
Et sans presser, sans les forcer, sans les saisir,
Les laissant exhaler l'air où tout pourra naître,
La nébulosité chaude et dorée peut-être
Qui monte des vivants au-dessus des désirs,
Les protège des vents, des choses éphémères,
Je sentis lentement me prendre la première
D'un enthousiasme vierge et noir, bouleversant,
La seconde plus loin, de son ravissement,
Vierge, mais souverain; et plus loin la dernière
De la plus vierge adoration dans la lumière.

Qu'elles soient pressées jusqu'aux semences encloses!
Jaillissent les vies qui ne se détachent pas!
Que leur nature fasse sa flore!

Alors l'Amour battit doucement dans ces îles...
Il naissait au-dessus de ces trois germes de bonheur,
Des pousses sensuelles, vert pâle et fragiles,
Tout un miraculeux avril intérieur.
Et je planais sur lui comme un milan royal,
Criant et recriant : Naissent les vies montantes!
Sur les limons encore ondulants, sur les pentes
Spongieuses, crevaient des nids de perce-neige;
Et dans l'aspiration du soleil matinal,
Sous le vent clabaudeur qui tourne entre les tiges,
La joie d'avoir une ombre et de la voir tourner,
L'explosion en fleurs, la splendeur pour chacune
D'être d'une beauté, d'un halo qui parfume,
Et quand passe le vent de mer de s'incliner
Un peu, de remonter vers le ciel diaphane
Et d'épuiser en lui le bleu des gentianes,
Le blanc plat des grandes achillées, le blond rose
Des reines-des-prés, et tous les ors...

Qu'elles soient pressées encore avec plus de violence!
Jaillissent les vies qui se détachent d'elles!
Que leur nature fasse sa faune allant d'une île à l'autre!

Alors l'Amour battit de toutes ses forces,
Le matin de ce monde allait passer aux corps,
Les sèves enfouies déborder des écorces...
Genèse! Genèse! toutes les voix nouvelles
Montant de la chaleur nourricière s'appellent
Et le premier concert presqu'étouffé... Alors
Dans les poches de joncs les nids se découvrirent
Des grêles échassiers; alors de leurs repaires
Dans la rosée, de petits fauves se risquèrent

Vers le jour; et tout chantait dans un grand rire
Émerveillé; d'une crête à l'autre crête,
Des chèvres sauvages se hélaient, des paquets
D'alouettes de mer se ruaient sur les sables,
Et tout cela disait et redisait la splendeur
D'être et de bondir au soleil jeune; il tournait
Très haut déjà dans l'air des milans admirables,
Leur ombre éclaboussée de milliers de nageoires,
Mais ils montaient toujours dans la grande paix blanche,
Laissant dessous la terre éblouie de porter
Le bleu de paradis des mésanges,
L'or pâle des pluviers et l'or roux des renards,
Et l'or tourbillonnant des guêpes...

Que ces corps lèvent leurs visages,
Et dans certains regards je mettrai mon image
Pour que ma création aille jusqu'où je vais!

Levez au ciel vos yeux naïfs, faites silence,
La partie que je mène est presque consommée,
Tous ceux que j'ai choisis sont de ma vraie naissance,
Soyez graves, ô vous qui devez m'animer!
Le reste peut vagabonder dans l'innocence.

Enfants de mes trois îles originelles,
Des seuls plaisirs à peu près purs que j'aie trouvés,
Je vous engendre tous enfin : PARADISIERS
Avec vos ailes et si peu de coupant d'ailes
Et mon besoin de plénitude de clarté...
Mes CHANTEURS... que vos voix soient timides et frêles,
Vous porterez pour moi ma passion de chanter...

Et mes enfants SAUVAGES où je reconnais,
Si pur est le trembler d'une race mortelle,
Mon refus de la terre et mon ivresse d'elle,
La gloire et le frisson des êtres condamnés.

Vous êtes des trois hymnes du fond de moi-même,
Ne vous égarez pas, je dois vous expirer.

Vous recevrez de moi cette chance suprême
Que je n'ai pas connue : tant que je le pourrai,
Je ne livrerai pas vos vocations profondes
Au temps qui mûrit mal les sens d'éternité.
J'aurais pu tout entier me mettre dans ce monde,
Incarner mon visage au-dessus d'un reflet,
Raconter ma naissance en moi comme une aurore,
Mentir pour mon honneur... tant que je le pourrai!
Soyez donc les enfants de cette terre encore
D'enfance... et portez-la, portez-la bien,
Et non pas comme nous qui perdîmes la nôtre;
Je ne peux pas vous donner plus : je n'ai rien d'autre...
Je vous confie ma création d'amour qui vient
De plus haut...

Qu'ils ordonnent cet univers,
Qu'ils découvrent et perpétuent la Genèse
Pour que toute chose s'exprime hors du temps!

Je vous promets le chant, la voix d'homme qui chante,
Tous mes instincts à prendre et à réincarner,
A porter au-dessus de la danse vivante
Que je sens battre en moi et ne peux exprimer,

— Que je ne peux danser, trop subtile peut-être,
Trop vive pour mon corps et d'un rythme inconnu,
Mais vous naissez des mouvements qui s'enchevêtrent,
Tous les ferments, les boursouflures, les tempêtes
Me feront bien un cœur avec son sens perdu...

Je vous promets des jeux, les trois plus grands du monde,
A comprendre d'abord, et peut-être à gagner,
A pousser si avant dans leurs règles profondes
Que vous en resterez pour toujours prisonniers.
Ah! la terreur me défigure, vous rend blêmes!
Mais que sera-ce au bout du Jeu de l'Homme devant lui-même
Quand vous reconnaîtrez la touche du néant
Sur tout ce que la joie et l'espérance fondent
— Si je ne suis qu'un perpétuel éclatement!

Et que sera-ce au bout du Jeu de l'Homme devant le Monde,
Dans ce vide étranger, cet autre insaisissable
Que parcourent des temps, des nuits de création
Dont on ne peut saisir que l'évaporation
La brusque fin dans la seule zone habitable
Pour nous de l'Univers...

Et que sera-ce au bout du Jeu de l'Homme devant Dieu ?
Petits contemplatifs, rendez ce qui déborde,
Allez dans le concert où la Grâce s'accorde
Et cet hiver extrême, où seul le Creux
Demeure...
Alors j'aurai vécu mon existence,
Si naïve est ma foi, ne perdez pas confiance.
Vous aurez d'autres jeux à courir, les plus libres,

Comme ceux des amours d'enfants et des dauphins,
Toutes les tragédies, tous les mythes possibles
Que rencontre un adolescent sur son destin
— Et celui d'épuiser les choses et les rêves,
De mêler sa croissance aux croissances des sèves,
De prendre dans sa voix les musiques du ciel
Et de la terre — et gagner pas à pas le mystère
D'être homme, l'honneur d'être homme...
et l'Éternel...

I

LE JEU DU SEUL
AU
ROYAUME DE L'HOMME

Sept préludes au Jeu du Seul

Ah! non, pas encor d'homme! pas encor d'âme humaine!
Que j'aie le droit au moins de rechercher sans eux,
Sans le viol de leurs pas, de leurs mortes haleines,
Un monde à mon désir insensé d'être heureux!
Si je fais des enfants, je veux les voir s'enfuir
Très loin de leurs maisons, avec leurs jambes brèves,
Vers des pays perdus, ignorés et profonds;
Et si je les rejoins, en feignant la colère
Et les réprimandant, je veux qu'ils puissent dire :
Nous ne serons jamais ce que les hommes sont...

Et voici la prière à l'aurore du chant :
Seigneur, où mon bonheur se fonde,
Que vous savez rendre amoureux!
La terre se retourne en moi comme un enfant,
Et si je mets la nuit au monde,
Vous me rendrez tout lumineux!

Croyez-vous que les cloches sur la mer porteront
Cette musique intime?

J'entends surtout les grandes cloches marines
Qui l'enseveliront...
Moi qui voudrais apprendre aux hommes
Le Jeu du Seul pour qu'ils en meurent...

Pour voir l'accouplement d'un pluvier dans la neige,
J'aurais donné tous mes rêves aimés;
Mais pour l'oiseau connu de moi seul, que dirais-je ?
A l'automne toujours, je regarde le Sud,
Et je frappe ma tête à tous les murs du Sud,
Comme ces migrateurs que l'on tient enfermés.

Comme il s'aimait! dira la foule...
On ne trouve que lui dans son pays secret!
Mais prenez cette laie de lune toute blanche
Et voyez ces regards furtifs entre les branches :
Les vies intérieures montent en forêt!

Commencer l'homme par sa mort, c'est ma tendresse...
On dénombrera bien toutes mes cruautés,
Mais on ne saura pas combien de morts sur terre
Laissent un vide à l'intérieur de ma seule âme...

Allez donc dire à votre mort
Que nous irons jusqu'au fond d'elle,

Bien au delà de son écume
Tant l'envie de savoir nous mord...
Qu'importe qu'elle soit le fruit le plus extrême!
Nous ne prenons jamais les bras de mer commune.

✡

L'enfant errait au fond de son sourire...

Ah! devant ces dieux fous, dit-il, comme on se sent
Complice de la clarté, de la risée des vents,
Et non de ces démons qui veulent nous choisir
Pour leurs maternités!

Les grandes foudres blanches,
L'amertume dorée de ces monstres enfouis,
Ce n'est pas à leurs feux qu'on choisit la semence
Étincelante de la terre à naître...

Il dit
Encor : Ne t'endors pas sur ces ventres de sable
Où la chaleur balance en tangage d'amour.
Fais-leur donc rendre intelligence, ces dieux sourds!
Cherche clarté plus loin, vers l'adorable...

Toutes les vies et tous les sens du grand plateau
Désertique, la soif errante, le bruit d'os
Des crânes perdus, quelques abois et quelques vents,
Tous les petits rapaces au long cri mélancolique
Nous ont fait un cortège étrange et famélique
Mais jusqu'au bord du sourire de l'enfant.

Jardin de sous-bois

La caresse à donner aux racines enfouies
Et la danse des doigts autour des germes pâles,
Le frisson qu'aime prendre la grande ancolie,
Il les sait, ce jeune ange des nuits végétales.

Plus délicats, ceux des longs roseaux à aigrette,
Que l'on commence à même l'eau, sans en troubler
La transparence, en remontant jusqu'à la tête,
Et les bouleaux cendreux qui risquent d'en trembler.

Il entre dans les nuits fermées les plus lointaines,
Les bulbeux blancs et roux, et leur étrange chair;
Il humecte parfois le sol de son haleine
Pour hâter l'éclosion malaisée des volvaires.

Il se glisse partout sans dire une parole,
Il assouvit son cœur pour ne rien apeurer,
Pour éviter les plis frileux sur les corolles :
C'est un petit silence errant dans ma forêt.

Comme une voix est effrayante, même douce
Et musicale, il va l'étouffer pour entrer
Dans la clairière ou les futaies naines des mousses;
Il joue pourtant au vent sur les reines-des-prés.

Enfant qui fait sa flore avec tant de tendresse,
Mais pour faire plus tard la femme... comme si
L'homme seul possédait l'instinct et la caresse
Capables de créer une femme pour lui...

Le plaisir de créer des bêtes

Mes animaux privés, aux ramures roses,
Voici de bons pâtis pour vous qui aimez vivre
Du trèfle bleu de glace et des mousses écloses
Le long des arborescences naines du givre.

Vous ne risquez que la rencontre
Des oiseaux d'hiver qui remontent
Très hâtifs vers leurs lieux de ponte.

Ah! plaisir de connaître tous ses habitants,
Jusqu'à celui de la crevasse des nuages,
Cet animal cendré qui descend seulement
Quand le brouillard recouvre les hauts pâturages.

Plaisir de celui qui les nomme,
Plaisir de créer une faune
Qui ne soit montrée à personne.

Car j'ai des bêtes que jamais on n'apprivoise,
Cet oiseau très rare qui suit le cours de lune,
Change de forme comme elle change de phases
Et sur les lacs dormants fait d'infimes écumes.

Je ne révèle pas son nom,
Le gardant pour ma dilection,
Quand la lune baigne mes fonds.

Mais je suis l'oiseleur qui a piégé dans l'âme
Sur d'immenses miroirs, étonnamment polis,
Les anges nains, les anges à odeur de femme,
Et les anges pourprés qu'on ne prend qu'endormi.

Le Jeu du Seul

La terre était obscure et semblait étrangère,
Beaucoup l'avaient quittée pour chercher plus avant.
Le bonheur ne brillait qu'en lueurs éphémères
Et dispersées un peu partout le long des temps.
On avait bien mené des sentiers de traverse,
Les yeux clos, en raison des vertiges qui bercent :
On les prenait sans respirer, d'un seul élan.

Bien sûr étaient des lieux qui sentaient la clairière,
Ou les frissons de mer, ou les bois de printemps,
Mais baignés de la vieille et pesante lumière,
Cette nuée mouillée du regard des vivants...
Que l'on me dise enfin des yeux d'anges, s'ils tremblent
Et brouillent tout ainsi... si de plus haut tout semble
Vaciller, comme sur un sol surchauffé trop longtemps.

Il fallait bien chercher une raison de vivre;
Personne n'en vendait, nul n'en expirait plus.
Les hommes de ce temps étaient des falots ivres,
On aurait composé leur danse à pas perdus
De sons désespérants à force d'être exsangues,
Le seul thème commun que rejoignaient leurs langues
Était l'aveu de n'être jamais entendus.

Tous les chemins menant aux fins fonds de conscience,
Là où la Grande Mer affleurait à nos cœurs,
La Grande Mer commune et striée de présences,
Ne montraient plus un vrai refuge à voyageurs.
... Chardons en feu, cendres au vent et retombées.
Seuls demeuraient les cercles noirs de leurs flambées...
Les vents comme le reste étaient passés ailleurs.

La terre! qu'elle fût de printemps ou d'automne,
Les morts ne savaient plus comment la féconder,
Les tout derniers ensevelis s'y abandonnent
Sans montrer aux suivants le moyen d'aborder
De nos champs mal connus, mais qu'on ne peut enclore,
Le ciel rose et doré qui prépare l'aurore,
Ou les poches de nuit et sans divinités.

Moi, je ne savais pas aux heures de silence
Si les autres cherchaient encore sur leur creux,
Ou s'ils se consolaient d'une telle impuissance
Puisqu'ils avaient perdu la règle des Grands Jeux...
Ils avaient l'air de bêtes en vaine pâture,
Ayant lâché tout sens des joies de créatures,
Ayant fait lentement le désert au fond d'eux.

Mais un jour, je sentis les Grands Jeux admirables
Tresser autour de moi leurs longs réseaux mouvants,
Comme une chevelure de chemins de sable,
Et chacun m'attirait vers son propre orient!
Les Grands Jeux! avec tant d'étranges partenaires,
Leurs règles d'Éternel, oubliées et contraires,
Dont il faut composer le Jeu du Seul vivant!

... Que les herbes foulées sont donc indifférentes,
Et tordu par-dessus les eaux, ce cèdre nain,

Attentif du seul vent, de la seule tourmente,
Et non de mon regard, de mon pas souverain!
Ne vous a-t-on rien dit quand vous étiez en germe?
Vous ne savez donc rien de ce qu'une âme enferme?
— Nous ignorons aussi le colloque divin.

Ah! la terre et le temps quand pourront-ils instruire
Et vous donner l'instinct que cet homme arrêté
Est un être étonnant qui saurait vous conduire
Et vous ravir dans un moment d'éternité!
— Allez, révoltez-vous, qu'un peu de vous s'étonne!
Qui nous rendra divins, comme nous autres hommes
Avons fait plus humain ce qui nous entourait?

Quel démon fatigué murmure ce mensonge :
Le Jeu du Seul... pour être Roi... mais pour dormir...
Je n'ai jamais voulu de ces honneurs de songe,
De ce refus de vie qui contraint à mourir
En bâillant... Métier d'homme, soleil et lumière,
Métier d'homme, arbre nain, métier d'homme, fougères
Et vents qui les courbez, vous aller tous venir

Là où le chant s'élève et compose la terre,
Là où tous les Grands Jeux passent en un plus grand,
Où les voix, des célestes aux imaginaires
Se fondent en concert comme celui des temps,
Métier et passion de toute âme vivante,
Le plus beau Jeu du Seul, être celui qui chante,
Puisque le monde entier est son seul habitant...

Un corps à naître

Quelle attente est plus belle que celle d'un corps
De femme, quand me pressent le sang et la moelle
Et le désir de l'animer, lorsque la terre encore
Retient les pieds, s'accroche aux jambes et les voile...
Mais elle émerge enfin des herbes qu'elle couche
Avec ces yeux fermés, ces mains fermées et cette bouche
Où la vie doit entrer en elle d'un baiser...

Et tout s'étonne autour, chancelle de surprise,
Les arbres ont plié leurs branches sur les brises,
Tout se retient... et moi, j'attends à m'épuiser...

Elle sera plus belle à retarder l'étreinte...
Il faut laisser s'amonceler sous le désir
Les songes de jadis, son sourire, sa crainte,
Ses yeux dorés qui pleurent presque de plaisir,
Et cette place chaude ombrée par les cheveux
Où vraiment un baiser ferait mourir deux êtres...

Elle ? Hélas, si son corps pouvait soudain paraître
Dans ce monde intérieur, encore nébuleux,

Je n'aurais pas besoin d'enfoncer dans mon rêve,
J'irais vers elle, et ce serait trop beau pour moi...
— Mon baiser, il ressemble à cet appel des lèvres
D'un agonisant qui cherche l'air une dernière fois...

La mise au monde

Arbres complaisants, sachez
Que cette heure d'avant l'aurore
Est du lever de ma clarté :
Car je mets ma terre à l'essor,
Ne pouvant plus la transporter.
Je la tiens serrée sur mon cœur,
Elle risque trop d'éclater
Comme font les chardons sauvages.
Vous verrez les seuls spectateurs
D'une cérémonie si grave;
Étouffez les brises narquoises,
Je ne suis pas un magicien
Qui veut défier le divin.
Longtemps! ah! bien longtemps avant
Que ne tressaille mon envie
De confier ce monde aux vents,
Je vous connaissais en taillis;
J'ai vu vos infimes naissances,
Et jamais je n'en ai souri;
Comment vous jetiez vos semences
Et comment vos amours ont pris
Très doucement, presque à votre ombre :

J'y ai deviné mon destin.
Laissez-moi donc lancer ce monde
Parmi tous les mondes divins.
Il est une nouvelle étoile,
Un astre de plus dans l'amour!
Je le regarde qui s'éloigne,
Il vacille sur son parcours,
Et je redescends dans mes bois :
Ce ne sont plus les mêmes arbres,
Les mêmes yeux qui me regardent,
Ni le temps, ni le mal de moi...

Le premier mort

Un mai perdu dans l'ombre et la tristesse humaine,
Veillant l'étoile veuve avant qu'elle ne meure
Dans les régions désertes du ciel de quatre heures,
N'ayant rien pu créer depuis tant de semaines,
Les yeux vides fixés sur la haute merveille
Où les bêtes, toute la nuit, faisaient l'amour,
Sur cette terre sans hommes, mais si pareille
A l'autre, — quel frisson, parmi le contre-jour,
M'apporta cet appel de mort, la folle voix
D'un homme presque mort qui criait après moi ?

Mon royaume! comme il tremblait de ses feux roses!
Les plaintes de là-bas avaient mis des secondes
Éternelles, avant de finir en ce monde...
La bouche qui criait doit être déjà close.
— Le Jeu du Seul! pour être roi, mais pour dormir...
Et cet aventurier qui crut le découvrir
Est disparu dans l'ombre commune et navrante...
— Mais pour quel autre ami supplierais-je si haut ?
Je l'ai veillé la nuit comme une âme vivante,
Une dilection pour le mort le plus beau!

Et que sais-je de lui qui ne soit légendaire?
Je l'ai veillé la nuit, dans un songe peut-être,
Un enfant de plaisir qui n'était pas à naître!
Il est venu, avec sa mort, sur cette terre,
Il vivait seul, mais elle était toujours en lui,
Sans autre amour que son amour, sans autre joie
Que sa joie, sans autre lumière dans sa nuit.
— Mais c'est toujours la mort, la même que la nôtre,
Me diront les passants qui suivront cette voie,
Le silence et le froid qui montent de nous autres.

J'ai déjà fait un mort, il est né sur ma terre!
Il rongeait dans son cœur sa solitude atroce
En ces jours de printemps qui devinrent ses noces.
Entre les arbres roses comme des clavaires,
Cette seconde moitié de nuit, son appel
M'a fait venir ici par quel appel du ciel
En criant aux oiseaux accouplés sur le sable :
« Vous ne savez donc pas que j'ai créé un mort?
« C'était un être exquis, il n'aimait pas encore...
« Il ne m'adorait pas, mais étais-je adorable? »

Vraiment, est-ce bien là ta tombe entre les branches,
Cette stèle isolée où pas un homme, même
Pas un enfant n'ira chercher le deuil suprême,
Que tes amis n'ont pas couverte de fleurs blanches,
Les êtres familiers de l'ombre originelle,
Parce que ton regard n'était pas aussi pur
Que je croyais — la pierre que mes mains descellent
Pour voir briller tes yeux sur le haut ciel obscur,
Et ce joyau famélique de roi, ce blême
Et triste corps dans la paix sourde de lui-même?

Par chance, je suis seul et l'aube est dépassée;
Si tu pouvais savoir combien mes mains sont tendres!
Elles ont des frissons qu'un mort devrait comprendre,
Plus de douceur encor que la langue foncée
Des bêtes qui tentaient jadis de t'endormir.
Tu peux te montrer nu devant moi, que m'importe!
Il est stupide et vain que je te réconforte,
Que je console un corps qui mourut de désir,
Moi qui n'ai pas créé de ciel, moi qui n'habite
Qu'une région de l'âme où sont les vents sans gîte...

Un mai, perdu dans l'ombre et la tristesse humaine,
Ton âme vierge allait vers leurs hautes demeures
Voir les accouplements des races inférieures.
Avoue que tu en as pleuré à perdre haleine,
Que tu rêvais sans cesse à leurs jeux interdits,
Que tu dormais dans leur chaleur et dans leur nuit...
Avoue-moi que tes mains frôlaient leur chair fiévreuse,
Où bien d'autres que toi s'étaient abandonnés,
— Et que ce mal des veillées blanches t'a mené
Sans elles, vers ta perpétuelle amoureuse...

Ah! qui t'a mis dans cette ineffable posture,
Replié sur ton corps, les prunelles perdues,
Et les mains retenant une ombre défendue,
La figure ravagée par la torture
Inavouable, les yeux que les fossoyeurs
Ont omis de clore, les yeux qu'ils ont eu peur
De clore, tellement leur vie était profonde,
Suscitant, par un ciel que je ne connais pas,
L'étreinte d'une forme impossible en ce monde
Et qui défaille, à chair perdue, entre tes bras...

Mais les pentes, là-bas, étant devenues blanches,
Je sus que le vrai Jeu du Seul était ouvert,
Et je dis : tous ces lieux doivent rester déserts.
Je ne veux plus que les biches blondes se penchent
Sur ta tombe, et leurs cous adorables et souples;
Je ne veux plus que les plantes se reproduisent
Le long de toi, que les corbeaux s'accouplent
Près de toi. Je veux une mer froide et grise
Qui portera ton nom, que je médite encore,
Mon premier mort, le tout premier d'entre mes morts...

Histoire d'Ellor

LE JARDIN

Son royaume partout s'entrouvrait sur l'amour,
Était nourri de lui pendant toute sa course...
— Ah! comment pourrait-on traiter d'imaginaires
Ces voix de la teneur en nacre de mes sources ?

Elles montent en moi lorsque le va-et-vient
Mystérieux du soir est à peine calmé...
Je voudrais tout entier vivre sur l'une d'elles,
Je voudrais être aimé comme l'on est aimé.

Pourquoi suis-je couru de voix qui ne sont miennes
Qu'un moment ? Quel dieu froid m'a donc mis à l'écart
De l'éternelle loi des destinées humaines ?
— Il prenait le sommeil comme le désespoir.

Et alors il sentit sa figure
Frôlée par des doigts féminins,
Son menton perdu dans des paumes
Et sa bouche exhaussée... des mains
Qui divisaient sa chevelure

Et puis se crispèrent soudain...
Une haleine de quel arôme!
Un regard avant d'être éteint!

« C'était cela », s'écria-t-il devant l'aurore,
En invitant le vent à jouir de son baiser,
De sa brûlure et de l'empreinte dans sa gorge.
— La bouche ouverte, il court partout, transfiguré.

Il la montre aux oiseaux, et les oiseaux se penchent;
Tout le jour, il prépare un jardin bas, un lit
De fleurs naines, de thym, de campanules blanches,
Pour retenir la lune à la fin de la nuit.

Pour retenir les bords, des pierres sans arête,
Puérilement choisis dans son verger secret,
Des pierres sans coupant, pas trop froides et douces,
Pour la garder aussi si ce lieu lui plaisait.

LE CHANT D'ANSELIEURE

Je suis Enselieure, lui dit-elle,
Et j'étais le fil d'or qui striait votre voix,
L'écume de rivière comme une braise blanche,
Et cette fin de toute vie qui ruisselle
Ou s'élève, celle où vont les rivières, celle
Où montent les frênes et rampent les pervenches :
C'était moi, c'était moi, vous ne le saviez pas!

Et vous pensiez aimer le seul frisson des frênes,
Les frênes dans le vent ou le printemps des frênes,
Et c'étaient mon frisson, mes vents et mon printemps!

Comment donc auriez-vous cherché ces transparences,
Cette légèreté des feuilles et des branches,
Ce bleu pâle aux sous-bois — sans mon pressentiment?

Moi, je vous attendais partout, sur toutes choses,
J'ai contemplé des eaux pour graver mon reflet,
Embrassé des troncs durs pour fixer mon odeur,
Laissé traîner mes yeux au sol pour qu'ils éclosent...
Je savais votre nom, et de là j'appelais,
Et la terre battait de votre propre cœur,

Les routes de ma nuit me répondaient Ellor;
Et vous m'apparaissiez comme l'annonciateur
De ce soir où je suis entré dans votre rêve,
Des mêmes mouvements, ceux de saisir mon corps,
Celui de l'élever lentement jusqu'aux lèvres,
Ceux du ravissement — et de l'amour d'Ellor...

LE CHANT D'ELLOR

Je vous montre le moins obscur avant le reste,
La roseraie n'était pas sombre tout à l'heure,
Je n'y ai rien changé pour la course nuptiale.
J'ai deux centres de moi, l'un vif en fleurs terrestres;
Quelques-unes le long de ce chemin de dalles
Qui conduit au second où plus rien ne demeure...

Je vous ai fait le don de mon premier verger,
Si rose et lumineux que certains pourraient dire :
Au fond du cœur, il gardait un refuge,
Un jardin clos, fermé de digitales,
Où le matin il venait s'allonger,
Goûter le sol, prendre soleil avec les fleurs,
Avant de s'enfoncer dans son cœur de forêt.

Il faisait le printemps dès qu'il pouvait le faire,
Il prélevait en tout la musique joyeuse,
Aux morts de chaque instant des floraisons très claires
Pour que survive au moins leur partie lumineuse.

L'autre est plus désolant, il n'y viendra personne...
Pourtant c'est le tombeau que je me suis dressé

Sans qu'une graine éclose...
Peut-être avec le temps, comme sur toutes choses,
Des fleurs auront poussé
Que sur terre on appelle anémones...

✡

Ellor s'arrête et se parle en lui-même :
« Toi, tu n'es pas du monde où j'étais un enfant,
« Ce n'est pas mon amour, mais celle que tu aimes
« Qu'il te faut rechercher... et tu vas de l'avant. »

Les arbres l'écoutant en crispaient leurs racines,
Les chants d'oiseaux tentaient d'être consolateurs
Sans remuer sa tristesse...
et depuis il chemine
Avec ce confident inconnu dans le cœur.

Le lac d'Undeneur

I

Sous le regard du plus lumineux d'entre nous,
Insensiblement, d'une longue chevauchée
Nous étions parvenus sur ces bords,
Que peut-être une fois nous avions vus en songe,
Ces plans d'eau sourde où le mystère se prolonge
Relayé de lueur en lueur vers le Nord.

Nous étions assez loin des joies imaginaires
Qui sont de mes déserts et de mes ciels de nuit,
Et de tant d'autres paysages ;
Nous avions dédaigné leurs sites éphémères,
Suivi les glissements spirituels enfouis
Jusqu'à l'affleurement en dehors des mirages.

Par le travers du Lac du Borgne, et plus au Nord
Le lac des Ianelles, et toujours plus au Nord
Le lac indistinct d'Undeneur,
Nous espérions gagner l'autre pente du monde
Où la braise d'écume et l'ombre se confondent
Sous le cirque de ciel qui domine Undeneur

Et nous sommes entrés dans l'eau qui transfigure,
Rêvant de remonter d'une seule coulée
Les trois lacs, vers ce dernier asile,
L'un devant l'autre, ouvrant la nage et l'aventure,
Striant leur gris très pâle et frayant une allée
Aussitôt reperdue dans l'étendue tranquille.

Et j'ai lâché mes compagnons sur les Ianelles;
Ils s'en sont retournés comme ils n'en pouvaient plus,
Comme ils s'essoufflaient à me suivre...
Je raidissais mon cœur vers sa passion nouvelle,
Un royaume de l'Homme, et plus rien au-dessus,
Et celui qui serait assez pur pour y vivre.

D'un captif

✡

A ma venue se sont ouverts des yeux immenses
Qui vacillaient sur les rebords où s'appuyer...
Des têtes ont pesé, des poitrines battu,
Des gorges murmuré sur moi; des voix ont supplié
Que je traduise en leur langage mon silence :
Je restai taciturne et n'ai pas répondu.

Des pèlerins montaient, m'interrogeaient; des hommes
Accrochés à mon cœur semblaient prendre racine,
Et s'acharnaient contre mon ciel secret; et comme
S'ils succombaient à la folie d'être engloutis,
Ils se jetaient sur moi, sur mon inviolable,
Sur son reflet plutôt aux profondeurs marines,
Et revenaient, n'ayant capturé que le bruit
Désespérant de la montée des sables...

Car je perdais ma force vive à me défendre,
Je murais la retraite où j'avais ma vision,
Elle étouffait en moi, je ne pouvais la rendre,
Je l'aurais achevée sans leur dérision...
J'allais m'habituer à leurs sciences mortes!
L'étreinte devenait plus étroite et plus forte,
Le monde m'entraînait dans son abdication!

« Un peu de patience et nous aurons notre homme,
« Pris au piège, blessé au cœur, tordu sur lui...
« Il descend sans appel dans la grisaille informe,
« Tout ce qui était chaud lentement s'attiédit.
« Chaque jour, le heurt des autres, les morsures
« Lui font perdre le sens qu'il a d'être vivant
« Et d'être un mort plus tard; chaque jour sa blessure
« Béante est un peu moins baignée par l'air courant;
« L'enceinte se resserre, il trouve sa jeunesse
« Toujours plus basse...

Allons, il sera bientôt triste,
« Et la dernière manche est près d'être gagnée...
« Nous aurons son bonheur si notre étau résiste,
« Il ne peut réagir sans presser sa détresse;
« Moi, je prévois plutôt la bête résignée.

« Question d'heures, dès lors; plus rien ne le protège.
« Il a vu qu'il devait perdre tout en luttant
« Comme en baissant la tête : encore un peu de temps
« A le voir se débattre avec des yeux éteints,
« Et nos mains n'auront plus qu'à détendre le piège...
— « Déja son rêve est bien saigné...
et c'est la fin... »

✡

Je suis seul dans le poème, entouré de quatre côtés
Par les frontières du poème, tel un captif
Qui se recueillerait...
J'avance sur le vif

Et dans les souterrains déjà creusés...
Plus lentement,
Mon chant captif, n'allez pas déborder!

J'affleure sur les eaux comme émergent les îles,
Je projette mes bras en longues péninsules
Et le plan de mon lac s'abaisse tout autour;
C'est un observatoire étonnant qui domine
Une étendue courue par tous mes courants d'âme,
Par les anges du large et leurs annonciations!
Je suis captif, mais mon île est à l'air libre,
Un feu couvert, mais des êtres de feu me sillonnent;
Et je marque leur nombre et leur phosphorescence,
Leur race et leur vitesse de croisière, et le temps
Qu'ils prennent pour aller d'un horizon à l'autre :

« Rien jusqu'au 18 novembre.

18 novembre. Vent est : à trois heures de l'après-midi, un groupe d'anges pourprés passe assez loin et vite.

Nuit froide, très calme.

9 heures du soir, le 19 novembre : j'entends beaucoup de bruit, signe évident d'une nouvelle arrivée : probablement des Petits Brûlés, à leurs cris. Quelques-uns ont dû se poser : invisibles.

Rien d'autre jusqu'à 6 heures du matin : des Petits Couronnés passent alors effroyablement vite sur l'itinéraire habituel.

Tempête certaine plus haut.

Le 20 novembre, le vent remonte au nord et devient plus fort. Des Silvaticus commencent à passer, pourtant habitués au très gros temps. Bandes assez serrées, appels. Même direction.

La nuit, rien. Le vent tourne au plein nord, mais faiblit. Un peu de neige à partir de cinq heures.

21 novembre : toujours rien.

Vers quatre heures, deux grands Anges Pourprés.

Il fait de plus en plus froid, le vent se met à souffler en tempête. Vers six heures arrive un prodigieux passage d'anges (Silvaticus, Anges des Crevasses, Petits Couronnés, Petits Brûlés). Le ciel en est complètement couvert; il semblent affolés.

Toute la nuit, la tempête continue; on entend distinctement le cri des Anges des Crevasses : il doit y avoir des passages perdus, mais le ciel est bouché.

Vers huit heures, un couple d'Anges de Grande Passion, très haut; tout près de moi, à ras de l'eau, une femelle d'Ange de Mer. Quelques espèces rares, devinées plutôt qu'aperçues, une bande des célèbres Anges Roses, quelquefois rencontrés sur les Ianelles.

Il est certainement passé plusieurs milliers d'Anges cette nuit sur Undeneur.

23 novembre : le vent est nettement tombé.

Vers dix heures, je crois voir passer un Ange Solitaire qui hésite et retourne.

Le soir, les deux Anges de Grande Passion reviennent.

Le lendemain, plus rien : le lac est complètement désert.

Le 27 novembre, dans la nuit, tout commence à remonter.

✡

Elles sont dans l'exultation, les voix de l'homme!
Et les dernières nées ont retrouvé l'ancienne
Coulée de soleil par son empreinte ensevelie,
Ce qui reste gravé sur les roches enfouies
De l'émerveillement des matinées humaines!

Prendre pied, prendre foi, prendre musique en elle!
S'élever au-dessus de leurs ors, de leurs neiges,
Comme un épervier blanc dans son ravissement!
Ce n'est pas l'évasion sur des vagues berceuses,
Ni le cérémonial de beauté qui noierait
Ce qui demeure inconsolable;
Car entouré de moi, muré par tant d'haleines,
Ma cellule est plus large que les plus larges plaines,
Je me suis reconnu témoin de l'admirable
Passage des voix en lumière...

Et témoin des souverainetés qui s'inclinent...
Embrassant mon mystère avec des bras étroits,
Celui que je croyais du destin d'être Roi,
Des confins de la nuit où rampent les sillages
Aveuglément vers leurs amours en pauvreté,
Jusqu'aux prolongements dans la lumière vive,
Là où sont les amours qu'on ne peut plus chanter...

Et je redescendrai dans notre vie captive
Pour annoncer à l'Homme une autre royauté!

II

L'ÉCOLE DE TESS

Office secret de Lorenquin

Laissez chanter à pleins bords la Grâce
A la gloire, à la gloire du Jeu Divin du Seul!
Et forcez le présent qu'il touche à l'éternel,
Pour que tout soit saisi d'amour chez les mortels,
De ce thème d'amour des anges sur la Grâce!

Que le silence de l'âme soit magnanime!
Les beaux éléments spirituels s'accordent,
Les grandes forces d'adoration!

Sagesse, dites la gloire de la Grâce
Qui descend, mais remonte à la lumière
A chaque instant de la création!

Vous qui l'avez entendue, sans comprendre
Son parcours et son émerveillement,
Dites les honneurs, élevez le poème
A celle qui est la voix céleste sur terre,
Pour que monte un concert de mortels!

Résurrection des corps

Sortir, sortir de soi!
Là où baignent les proues d'âmes en délivrance
De leur ténèbre, où commence le Chœur!
Ciel! ciel! le seul pavois!
Ciel! ciel! et la grâce en partance,
L'éclatement silencieux des bulles de cœurs
Suspendus, des étoiles de musique,
De toute joie qui n'en peut plus de contenir,
Qui se meurt d'être unique,
Ravie... ravissement!
Ciel! ciel! ô seule atteinte!
Mais projeter à la démesure de l'âme
L'intime feu — jamais révélé — trop extrême...
Et plaintif de la plainte
Du bois qui brûle... par le mal de l'extraire,
La peur de n'être plus là-bas un feu qui brûle,
Comme il ne fut touché qu'aux reflets sur la chair,
Seul réel jusqu'ici, seule prise, blessure,
Mon creux, mon vide ardent!
Ciel! ciel! ô ciel inné!
Où va s'évanouir la flamme retrouvée,
Perdant son cerne d'or, le dernier blanc possible,

Et le sens de remplir un lieu du foudroiement!
Ciel! ciel! ciel! ô Dieu libre,
Devant lequel s'abîme toute fin...
Et la Grâce s'élève et me laisse en arrière,
Puisque l'Amour supporte et la flambée soutient
Ce qui regarde un Dieu brûlant de sa lumière!

L'amour enfin rendu de la Genèse
Vient susciter du dernier sens vivant
Le corps qui pourra vivre en ce ravissement
Et rendre tout l'amour de la Genèse...

Architecture de Tess

TESS

Tess, pierre allongée et close, tombe à vif, trop dure et blanche dans la musique des sèves pour que l'on dise : ce rythme-là, montant d'un seul jet, s'est couché sur le plateau pour former sa couronne. Et cependant, Tess est du même élan vers la clarté que les collines, les arbres et les explosions de la vie.

On a rasé et nivelé pour l'asseoir; on a creusé très profond pour couler ses racines, comme si elle puisait avec les autres sa force dans l'obscur... Mais Tess est bâtie, non pour l'épanouissement mais la métamorphose des sèves, la prise de lumière dans l'Esprit, non pas seulement dans le soleil.

Quand cette pierre, inerte encore et fermée, se sera sculptée de l'intérieur comme un coquillage, creusée de salles, aplanie de terrasses, ouverte de fenêtres, son ordonnance comportera peut-être — mais invisible — la fine tour qui résonne aux plus hautes musiques.

LES PORTES DE TESS

Qui séparez-vous, portes de Tess, lourds vantaux de granges, puisque vos habitants vous traversent sans vous ouvrir, massives, basses et privées de sculptures? Quelque chose est arrêté par vous, mais ni l'ange, ni l'homme, ni le vent... Il y a bien des portes, dans telle pâture abandonnée, faites de deux baliveaux de frêne courbés vers le haut, qui ne séparent rien, que l'on franchit... et sitôt franchies, tout se métamorphose.

Triple seuil! l'architecte a dessiné trois portes, comme il a voulu trois foyers. Et certes il prit leur courbe dans les lignes de sa vie... Entre elles, le mur est couru d'un long bas-relief d'enceinte, une procession de taureaux, aux cornes desquels on met des pains de résine les jours de fête; et cela flambe, les candélabres de pierre sont noircis.

Portes de Tess, musique sans variations, courbe pure... Qui vous abordera de front? On prend plutôt le chemin de ronde, entre le troupeau sculpté et le même, vivant dans la pâture; ces trois baies opaques sont pourtant des ouvertures, où l'on change le sens de sa marche et pénètre dans l'atelier, l'étude et la chapelle des transfigurateurs; s'il en est au moins un, s'il n'est mort...

LE COLLÈGE DE TESS

Au collège de Tess, on n'apporte pas seulement son crâne et l'attention de son esprit; on vient avec toutes ses solitudes et tous ses bonheurs, comme on ne travaille que sur le singulier; on étudie les mouvements les plus intimes, ceux de l'amour dans le parcours de soi.

On cherche patiemment à dégager ses trois centres, à reconnaître son propre champ, à le dire; il faut des années pour en faire le dessin sans le fixer, pour le protéger du dehors sans le fermer, pour le suivre dans le temps sans le perdre; on apprend aussi à déceler ceux des autres, et comment on devient l'habitant d'un monde qui n'est pas le sien.

Dans le silence de la grande salle, le professeur va d'une vie intérieure à la suivante, en tuant les questions sans réponse et les faux dieux rencontrés; et puis il ouvre toutes grandes les fenêtres, pour laisser pénétrer les odeurs, les musiques, et tous les vents de la terre; et l'on doit dire la périlleuse et admirable navigation de soi-même, entre tant d'attirances et tant d'étoiles.

LA BIBLIOTHÈQUE DE TESS

Ô, par centaines, ces rigoles dans le sable d'une plage, qui n'arriveront pas à couvrir, à conquérir, à coloniser l'Esprit! ces mille racines qui vont sucer, ces mille ramilles qui happent un fil de la Vierge comme s'il venait du chevelu d'un nuage! ces mille durées offertes à nous pour un voyage, et la gravure, le tracé du chemin dans le dangereux vide, sans prise... A quelle vitesse ces poètes ont-ils été vers eux-mêmes?

Livres! ce oh! de l'âme qui les détermina, peut-être arrivera-t-il jusqu'aux lèvres... Il fut coulé dans un filon de minerai, il lui donna sa pente, son orient et sa couleur unique; il doit vaincre les plus souples résistances ou les modeler; serrés les uns contre les autres, tous les différents timbres, clairs ou sourds, ravisseurs ou d'une lente démarche, — clavier...

Et penchés sur ce fil indéfini et transparent, divisé en colonnes pour le maintenir dans nos mesures humaines, nous qui sommes incapables de faire bourgeonner un arc ou meugler la grande maison allongée, nous suivons, attentifs, les hauts et les bas de ce cri toujours retenu, qui s'imprime aux horizons changeants de ce couloir du temps — à la seule fin de Sagesse...

LES CELLULES DE TESS

Ils ont construit des cellules rondes, fermées de toutes parts et nues... ils montent doucement dans ces puits, serrant leur lumière intérieure qu'ils ne veulent pas gaspiller; alors dans cette nuit qui deviendrait toute blanche au moindre jour, ils détendent leurs membres et se laissent rayonner, jusqu'à épouser tout l'espace et revêtir ce corps de pierre où alors — ô combien maladroitement! — ils essayent de lire.

Car ils le remplissent et pourtant leurs yeux peuvent contempler cette nouvelle paroi interne; et sur elle s'imprime en passant le continuel trop-plein de l'âme qui cherche ses objets d'amour; et ils lisent et déchiffrent ce tracé de lignes, ces ovales, ces spirales, ces étoiles de leur intime architecture.

Changeantes figures de vie, lois d'être, premières

formes... dans la paix des cellules, ils reculent leurs frontières sensibles, pour toucher et se sentir touchés de plus loin quand ils iront de-ci, de-là; et patiemment ils découvrent leur style, et suivent ses variations; entre les artères et les muscles qui se durcissent avec l'âge, passent toujours cet aller et ce retour marins, comme par un filet pétrifié.

LA CHAPELLE DE LA VIERGE A TESS

Ici l'on médite sur la virginité mère des enfants de Dieu et de leur vie d'enfance en Dieu, par où l'Éternel prit le temps, le vieux temps roulant du monde, prit la chair, la belle chair dangereuse du monde, prit la vie, comme on prend le vent de l'étoile de l'Orient à l'étoile de l'Occident, de la lumière à la lumière.

Ici l'on garde une place à ce qui est sensible seulement aux choses célestes; toutes les amours peuvent y entrer si elles ont une portée dans l'amour divin; tous les membres déçus ou enthousiastes peuvent y reprendre le clair de l'âme, pourvu qu'ils se sentent du corps d'une telle clarté.

Ici, c'est le prolongement dans le temps de cette minute où se fit la descente de l'Amour; ici, c'est l'une des milliers de chambres intérieures où le mystère demande de survivre; et le vierge engendre le vierge, dans les enfants d'une telle mère, qui se perpétueront jusqu'à la fin des jours.

Chroniques de Tess

POÈME DU BATELEUR

A pêcher dans un trou de ciel sombre
Avec une ligne de fond,
On doit prendre bien des poissons,
Des amphibies de l'autre monde
Entre deux constellations.
L'amas d'étoiles de Persée
Et la nébuleuse du Cygne
Sont de bons herbiers pour les signes
Rôdant derrière la pensée,
Et la faune inconnue de l'homme.
Peut-être un pêcheur patient
Amorçant avec son haleine,
Surprendra-t-il le monstre informe
Qui depuis des siècles entraîne
Tout un monde vers son néant ?

AMPHISE

Je sortais de moi lentement,
Je fus pris dans un beau vent souple,

Chaud comme un naseau de jument
Et velouté comme sa croupe.
Et tous les regards forestiers,
Perles de givre dans les branches
Ou tapis comme des pervenches
Me regardaient qui m'éloignais.
Ils m'en voulaient de cette fuite,
Car j'abandonnais ma forêt
Intime et sourcilleuse et triste
Pour un beau vent bien moins secret.
Ils me reprochaient mon envol,
Leurs yeux me perçaient durement,
Mais le vent baissa jusqu'au sol
Et moi j'ai enfourché le vent...
Celui qui passe les limites
Des âmes d'hommes interdites
Jusque-là par manque d'amour,
Celui qui se gorge d'espace
Et celui du lit de la Grâce
Dans sa croisière au plus long cours.
Mais comme il emportait au corps
Les relents de toutes contrées,
D'un coup je tirai sur son mors
Et retournai vers ma forêt,
Galopai sa plus longue laie,
Fis un grand courant d'air doré
Où me suivaient biches et cerfs,
Tendis les branches violemment,
Entraînai tout dans mon élan,
Ma forêt qui devenait blonde
Comme le soleil l'animait;
Et j'ai chevauché sur le monde
Porteur de tout ce que j'aimais...

Poèmes de Calsehenne

Je n'ai pas pris les chemins de toi-même.
Les bornes des routes sont nues,
J'ai contourné des villes creuses
Pour chercher tes vieux habitants,
Qui vivent tout au fond des plaines
Où tu n'es jamais descendu;
Ors brûlés et terres cendreuses,
J'ai fait ma route en massacrant
Des têtes de chardons soufflés
Que les vents enroués et rares
N'arrivaient plus à disperser;
Et par d'étroites failles noires,
Toujours de nouvelles rivières
Qui vont se perdre dans leur course
Avant d'atteindre tes frontières.

Il ne faudrait pas les franchir,
Mais remonter vers la région des sources
Le temps que tu devrais courir...

✡

Sur les pitons nus, des épouvantails de neige
Hérissés de crins et de touffes sèches :
Ce sont les jalons des chemins de troupeaux.
Paissez, paissez vos gorges-rouges
Où palpite un petit cœur chaud,
Amenez vos jeunes hermines...
Je ne sais pas de quel danger on les protège,
Les nuages ne sont pas farouches,
Le froid court entre les collines
Attaquant le vif de soi :
Ce n'est jamais à découvert.
Avancez donc comme la glace prend la mer...
... Il fait trop froid pour n'être pas.

✡

Il prend bien la brise, mon jeune arbre,
Il prend bien la vie qui s'incline,
Mieux que moi, qui suis sans racines
Autre part que dans le présent :
On n'a pas le temps d'y grandir.
Le reste mûrit lentement,
On peut compter l'âge du corps...
Mais trouverai-je un autre champ
Entre mon enfance et ma mort ?

✡

Il a fait tonnerre sur les villages
De la même vallée que le mien...
J'ai bien entendu l'orage très loin,

Mais j'ai toujours vu la Grande Ourse.
Si chacun disait sa légende
A deux ou trois lieues de distance
Ou côte à côte sur la source,
Nous ne pourrions mêler nos voix.
On cherche le conte de soi
Sur son abîme familier
Et sans que les autres entendent.
Qui nous a dit de même langue,
De même race, si ce n'est
Quand nous chevauchons le même ange ?

✡

Comme il fait singulier en toi!
Nous n'avons pas le même jour
Et pas une fleur n'est semblable.
Le troupeau des dunes de sable
N'a jamais cette forme en moi
Même le soir, quand il s'étend.
Jamais le cœur d'ombre sans lune
Ne correspond à mon secret...
Je croyais que nos nuits avaient l'indifférent
Des lits communs et taciturnes.
Encore un thème à déchanter...
— Et nous disons les mêmes mots!
Alors deux âmes au repos
Ont la solitude des astres...

✡

Tu voudrais te dépayser
Et courir le long de tes plages,

Changer d'ennui dans les voyages,
Ayant le mal du familier...
Tes champs sont donc poisseux et sales,
Tes vallons si secs de pierrailles
Que tu désires t'oublier ?
Tu veux entrer dans des paroles
Que ne donne pas ton sol pauvre,
Un érable feu sur les chaumes ;
Attends alors le crépuscule,
Lui seul en toi peut incendier...
Ce n'est pas ta sève qui brûle
Et ton ciel n'est pas ton reflet.
— Mais fatigué de sa recherche
Sur les longs plateaux étrangers,
Je vois un épervier qui perche
Dans ton regard, et qui s'ennuie
Désolant tout autour de lui.

Tu ne sécrètes pas ta grâce
Au dehors, tu retiens l'espace
Où jouer ta vraie comédie.

✡

Sa voix passe à côté de nous,
Nous n'avons pas ses paysages ;
A force d'entendre et de méditer,
Nous croyons parfois le comprendre,
Mais jamais ne pouvons répondre
Sur sa musique ou son langage :
Alors que lui sert de chanter ?
— Vous avez bien un paradis,
Vous avez bien une clairière,

Vous avez bien quelques regards
Où balancer comme sur mer,
Vous avez bien un ravin d'ombre,
Forcément un enfer de vous ;
Je n'ai pas beaucoup plus de choses,
Mais la baie du ciel grande ouverte,
Là où se plaint, et crie, et monte
Tout le bonheur d'être animé ;
C'est là qu'il faut être amical
Puisque je veux un secret d'homme
Amical de même espérance...

Psaumes

PSAUME VIII

1 Ceux qui vous ont perdu, comment peuvent-ils vous déceler ? — déjà, pour nous, vous êtes souvent un Dieu tellement caché !

2 Par une telle épaisseur qui ne porte pas le son, — et quel mal avons-nous à saisir quelques notes de musique !

3 Nous nous sommes emmurés par inattention, — repliés sous une écorce dense.

4 Et pourtant les crevasses du ciel deviennent parfois des éclaircies — et les cordes atones rendent parfois des voix.

5 Tantôt une plainte et tantôt un murmure d'amour, — tantôt un cri de détresse et tantôt une louange.

6 Et tout cela prend notre timbre et la note de notre conscience, — si bien que nous hésitons à reconnaître vos élus et vos anges.

7 Les pauvres emmurés, comment peuvent-ils traduire leur silence obsédant ? — il ne leur revient qu'un écho rieur.

8 Par souci de vérité ils ne vous prêtent pas le passage facile — ils n'ont pas compris que l'Esprit venait par l'esprit.

9 Ils ne vous ont pas reconnu quand il était encore temps, — et maintenant ils ont remplacé ce qui peuple l'âme par des habitants imaginaires.

PSAUME XIV

1 Voici que j'ai compris que la plus belle prière — ne devait pas être dite en mon nom, mais au nom de tous.
2 Peut-être ai-je été créé pour découvrir les mots et la musique d'une prière, — mais nous la réciterons en commun.
3 Tous ceux que j'ai pris dans le chœur de mon âme, — ceux qui sont des figures ou des dons d'amitié.
4 Ceux qui me viennent par le sang ou la tendresse, — ceux du hasard et les créatures d'une même grâce.
5 C'est ainsi que j'ai compris la liturgie intérieure, — que je demeure en moi sans rester isolé.
6 Est-ce que cette justification est suffisante, Seigneur ? — j'ai peur d'avoir trouvé une formule vaine pour m'apaiser.
7 Qui n'apaise pas votre exigence, mais fausse la droiture, — qui me permette de n'être plus seul tout en restant en moi.
8 Mais vous êtes le Seul, Seigneur, — et comme les mots peuvent se déformer,
9 Que le Jeu du Seul soit uniquement votre Jeu avec l'âme — et non pas l'autre
10 Qu'il aurait pu devenir...

PSAUME XXII

1 Le don qu'il fit d'un instant de lui-même pour sauver un petit être privé d'âme, — n'était-ce pas la preuve qu'il vivait en tout familiarité avec vous ?

2 Du bord soucieux déjà de ma vieillesse, je vous supplie de croire — que je n'ai jamais joué trop familièrement avec vous.

3 Il forçait sa candeur pour vous faire sourire, Seigneur, — il se serait mis nu pour votre attendrissement.

4 Jugez si j'ai tiré gloire de la simplicité, — jugez si je l'ai prise comme piège à la pitié.

5 Mais j'avais une âme d'enfant et je mettais toutes choses dans votre secret, — j'aurais demandé avec beaucoup d'amour un miracle pour la vie d'un oiseau.

6 Je demandais toujours et trop, et vous me donniez souvent et trop, — dès que je suis un peu triste, je veux que vous me caressiez.

7 Vous exigiez non seulement les tristesses, mais les joies, — et certaines ne pouvaient être partagées avec vous.

8 Seigneur, comment pouvez-vous entrer dans la joie de poésie, — la joie mère de poésie qui comprend la solitude de l'homme.

9 La joie mère de beauté et la joie mère de dilection, — la tristesse mère de beauté et la tristesse mère d'amour ?

PSAUME XXX

1 Pour être entouré de terre sur les six côtés de mon corps, — faut-il qu'il y ait des captivités que je vénère ?

2 Des étoiles peuvent naître, des satellites se détacher, — je n'aurai jamais su la gésine de leurs mères.

3 Les végétations pourront avoir leur sacre annuel, — je ne connaîtrai que le raidissement et le spasme de leurs racines.

4 Qui m'empêche de croire qu'en épuisant le fond de ma bouche, — elles ont trouvé une sève plus nourricière et un peu du mystère de l'homme ?

5 Les prairies qui sont au-dessus de moi prennent une part de la vie sensuelle de mon âme, — ceux qui s'y vautrent et dorment au fond d'elles prennent une part de ma germination.

6 Pourtant je suis seulement un captif et pas encore un mort, — lorsque je serai mort, je n'aurai pas ma survivance au milieu d'elles.

7 Je leur donne des floraisons plus hâtives — la prescience des courants printaniers.

8 Je leur souffle les plus familiers de mes songes — et le frémissement sous les rosées du matin.

9 Elles ont pour moi des montées d'amour plus violentes, — leurs tiges et leurs bras doivent étreindre dans l'air.

10 Leurs tiges et leurs bras ont des débordements et des rafales, — de très bas, j'entends la crispation des membres qui ne s'atteignent pas.

11 J'entends le moment d'extase qu'ils ont l'un sur

l'autre — le sommet d'hébétude où ils connaissent la possession.

12 Alors pourquoi m'appelle-t-on un captif — si je projette l'emprise de ma chair aussi loin ?

PSAUME XLI

1 Pourquoi m'avoir donné tant de grâces, Seigneur ? — il faudra bien que j'en réponde.

2 Vous m'avez débordé d'indulgence, — je n'ai pas ma part de tristesse.

3 Je suis bien trop faible pour vous la réclamer, — faut-il vraiment qu'il y ait des êtres de bonheur ?

4 Je me sens plus proche de Vous dans le bonheur que dans le renoncement, — Seigneur, ayez pitié si je le garde pur.

5 Je n'ai pas mérité de tels privilèges terrestres, — mais j'ai reconnu chaque fois votre don.

6 J'ai l'angoisse d'être trop heureux au milieu des misérables, — je le confesse même si cela doit scandaliser.

7 Que l'on me dise : il ne veut pas prendre part ! — que l'on me jette : il s'enterre en lui pour ne pas souffrir !

8 Mais je ne peux pas faire que ma joie soit obscure ! — je ne peux pas faire que ma joie ne soit pas Vous !

PSAUME XLIII

1 Ils se regardent et posent tous la même question : — que sommes-nous venus faire ici ?
2 L'un répond : j'ai interrogé la bête souriante du fond de moi, — elle ne m'a rien proposé que son sourire.
3 L'autre dit : chacun de nous a ses propres puissances, — elles ont l'intelligence de leurs désirs.
4 L'autre : il faut conquérir le champ de l'âme, — l'autre : il faut tout sacrifier pour entrer nu dans la mort.
5 L'autre : il faut nous composer une sagesse, — l'autre : il faut goûter à la plus haute musique.
6 L'autre : il faut connaître; et l'autre : il faut tout dire; — et l'autre : il faut rester transparent devant Dieu.
7 Mais une voix, qu'ils ne savaient pas leur, se fit entendre sur toutes les lèvres — dans ce conseil inquiet qui cherchait sa direction.
8 Et tous mirent un doigt sur la bouche pour signifier qu'ils se taisaient, — tous se levèrent de table pour montrer qu'ils écoutaient.
9 Et leur voix dit : Si Dieu a fait un monde d'amour, — vous êtes faits pour le retrouver.

PSAUME XLVI

1 Il ne faut plus rester sauvage, dit le Seigneur, — voilà ce que je vous demande d'abandonner.

2 Car si vous demeurez à l'écart des autres en vous-même, — comment pourriez-vous mettre l'amour des autres à la hauteur de l'amour de vous-même ?
3 La solitude était ma force, Seigneur, et la principauté de mon chant, — comment m'en retirer sans me réduire au silence ?
4 Ne vous préoccupez pas du silence et de votre stérilité, dit le Seigneur, — vous trouverez bien d'autres thèmes puisque je ne vous demande pas de vous taire.
5 C'était la base de ma souveraineté et de votre souveraineté sur moi, — puisqu'aucune autre dilection n'y pénétrait.
6 Je ne vous requiers pas de haïr votre cœur, dit le Seigneur, — mais de ne plus vous complaire seulement dans votre solitude.
7 Que feriez-vous si j'exigeais l'abandon de toute poésie ? — mais n'inventez pas des ordres que je ne vous donne pas.
8 Je jouerai le jeu du Seul pour bien montrer qu'il est mortel, — et je suivrai le Seigneur là où il voudra me conduire.
9 Hâtez-vous de ne plus rester longtemps en solitude, — et cependant que vous y demeurez, priez beaucoup pour les autres.

PSAUME XLIX

1 Comme les mers lointaines ne connaissent pas ma présence, — mes plus proches vallées ne savent pas mon pouvoir.

2 Arbres des forêts, vous vous sentez à l'abri de moi dans votre mystère végétal, — mais c'est moi qui vous anime, arbres des forêts de l'homme.

3 Faune des mers, des vallées de mer et de forêt, je peux me mettre à votre place, — ma faune de poésie, je vous ai distinguée par amour pour me peupler.

4 Créatures de l'état de poésie, vous êtes des moments de l'homme! — ô vivants de la terre, nous sommes un seul corps ensemble!

5 Anges, votre témoignage est trop haut pour que je le traduise, — mais je vous fais chanter pour que le corps du monde soit complet.

6 Ainsi j'élève en tâtonnant ce corps de poésie, — mon souffle est fragile, mais vivant.

7 Plus tard, s'il m'est permis je chanterai l'homme sur la terre, — le jeu de l'homme tout imprégné du jeu divin.

8 Plus tard s'il m'est permis, je tenterai de chanter le Jeu Divin du Seul, — si l'oraison pénètre plus avant.

9 Car je ne cherche pas une vérité pour l'intelligence séparée, — mais de l'état de poésie où je me trouve, tout peut être porté vers votre adoration.

PSAUME L

1 Ici, et bien que la pierre terminale ne soit pas placée, le concert pas encore sur ses fins, — je veux prononcer le testament.

2 Parce qu'ensuite il ne sera plus traité de certains amis de la terre, — mais de tous, selon la prière commune.
3 Il n'y aura plus de voix isolée, je ne serai plus la voix isolée, — et le Seigneur aura pitié du Chœur.
4 Ayez pitié encore une fois de mon chant solitaire, — j'en fais le don selon les rencontres et les amitiés.
5 Je donne ce que je possède, mes bouleversements d'une minute, — cette figure sculptée dans le sable ou dans l'argile.
6 A ce confident d'intelligence, cette tentation de l'intelligence, — à ce coureur des grandes étendues cette chasse sur les plateaux arides.
7 A celui qui a préparé, tout le jeu de Genèse, — à celui qui s'est tu, cette voix qui chante pour lui.
8 A celle dont le domaine commence où je m'arrête, cette autre vie recluse, — à celui qui ne vous connaît pas, cette possession de votre amour.
9 A celui qui perd la virginité, cette autre virginité, — à celui qui médite, cette allée de cyprès.
10 A celui qui court le Christ comme une bête sauvage, mes régions forestières, — à celui qui s'évade, ce retour vers la terre.
11 A cette âme de pauvreté, la destruction des parts inutiles, — à cette âme de tendresse, les paroles qu'elle reconnaîtra.
12 Car je rends à ceux qui m'ont offert, — je leur laisse en chant ce qu'ils m'ont donné en esprit.
13 Car beaucoup m'ont donné qui ne savent pas qu'ils m'ont donné, — et je leur laisse moins de plaisir ou d'enthousiasme que je n'ai reçu d'eux.
14 Je vous rends tellement grâces, Seigneur, d'avoir

voulu leur rencontre, — même de ceux qui m'ont fait dévier.

15 Certains se retrouveront au hasard de la Somme, — d'autres pourtant en amitié ne se reconnaîtront pas.

16 Qu'ils prennent patience, qu'ils cherchent encore et ils verront ma reconnaissance, — le plus petit des arbrisseaux leur doit peut-être la vie.

17 Mais pour ceux qui s'étonneront que je ne vous dédie pas ce livre — avec l'orgueil de la création et votre nom dès le début,

18 Je ne vous le donne pas, qu'ils le sachent, parce qu'il est à Vous, — ce que je choisis pour certains ne vous est pas retiré.

19 Car je passe par Votre présence dans les hommes, — et ce psaume du testament porte la grâce que je leur dois.

Office du soir

POÈME

Le Seigneur est en train de mourir d'amour sur la terre,
Disaient les anges autrefois,
Et maintenant ce cri passe dans toute chair :
Le Dieu-Amour vient de mourir d'amour en moi !

Alors, parmi les bonheurs et les sèves, sa croix ?
Mort d'amour, mon Seigneur ? comme un défi,
Un reproche à la beauté de votre monde ?

Jeune mort de printemps, comme un revers de honte
A toute fleur, à toute paix, à toute grandeur...
Que mes yeux s'enténèbrent de lui pour comprendre

Pourquoi toujours la mort avant le paradis,
L'aveuglement avant le triomphe de lumière,
La sueur glacée avant l'apaisement,
Le détroit de silence avant le grand concert ?

O mon agonisant, pourquoi le seuil est-il tragique,
Et cette impasse entre les deux royaumes,
Et cet estuaire si resserré ?

— Parce qu'il faut reconquérir le mal,
Revivifier de vous ce que la mort a pris,
Creuser d'amour les parts perdues du corps du monde,
Et que reprenne à la cendre le feu!

Alors toute beauté doit apparaître en vous;
Il ne sera qu'un sens pour le jet de la vie,
Et la résurrection se devine ici-bas...

HYMNE

Regardez la nuit derrière nous,
Et voyez devant comme elle est transparente!
Les plantes d'ombre étendent leurs branches vers le jour.

Il fait céleste par-devant, criez-le, mais criez-le!
Même la mort ne coupe la pente où nous montons,
Ne perdons pas le souffle comme des adultes,
C'est l'enfant qui s'envole en nous!

Toute la terre attend les enfants de la Grâce
Pour être libre enfin et allégée de sa tristesse;
Et la mer rend l'amour par toutes ses vagues.

Les forêts de chênes et de sapins rendent l'amour,
Les champs d'avoine et les vergers de cerisiers rendent l'amour!
N'entendez-vous pas les peuplades d'oiseaux et leur musique?

Délivre ce que tu as méconnu et étouffé par ta faute,
Prolonge ce que tu as arrêté en toi!
Les hommes d'ombre étendent aussi les bras vers le jour.

Ils n'ont pas su qu'il faisait céleste en eux,
Ils n'ont pas laissé jouer la brise divine,
Ils se sont enracinés sur eux-mêmes.

Ne la regarde plus la nuit, mon porteur d'ombre,
Qu'as-tu donc bien aimé que tu n'emportes pas?
Par quels sens rendras-tu cette magnificence?

Silence, silence, chantent les premiers anges,
Car d'ici l'on devine, extasié,
Dieu le Seul qui se rend l'amour à lui-même.

III

LA MISE AU MONDE D'AMOUR

I

La mise à l'autre monde

LA ROUTE

Il avançait avec violence,
Mais sur le sens de sa grandeur :
Les parts féminines du monde
N'attendriraient plus sa candeur.
Il vivait vraiment de la guerre,
Jouissant de son apparition
Sur le terrain des esclavages
Et des lentes dégradations.
Il dénombrait tous ses mépris
Et parcourait ses répugnances
Avant de descendre en leur lit.
Il prenait enfin sa chair vive :
Sa plénitude débordait
De ces couches d'air indécises
Qui l'avaient toujours préservé.
Il parlerait d'autres langages,
Non plus le sien, qu'il s'était fait,
En gonflant les mots qu'il aimait.
Il regardait battre ses muscles
Dans la simplicité du jour,

Enfin sans ressentir la honte
D'être fait pour d'autres amours...
— Lui n'avait pas divisé l'homme,
Lui ne l'avait pas contenu
Entre des bornes rachitiques
Ou des au-delà trop confus!
Son sang était prêt à combattre
Pour le triomphe de ses dieux
Comme le reste de son être;
Après des sentiers sinueux
Il se retrouvait dans sa ligne,
Sachant qu'il volait au-dessus;
Maintenant il saurait détruire
Pour ressusciter alentour,
Maintenant certaines amours
Ne lui seront plus défendues...

Il avançait avec violence,
Mais sur le sens de sa grandeur,
Sachant palpiter de la guerre
Comme autrefois de la douceur
Et ne voulant rien oublier...

OCTOBRE

Pour un spectacle extraordinaire,
Les dieux humains présentent la pluie
D'une immense averse incendiaire
Sur des prés à vaches pourries.
Il naît de brusques fusillades

Quand des aérolithes brûlent
En ombelles et en cascades :
Les gorges d'hommes font des bulles...
C'est le plus merveilleux octobre
Que la nature ait inventé
Pour rajeunir un peu l'automne,
Et l'on reprend par nostalgie
Cette innocente cruauté
De nos pères, avant les âmes.
Nous avons une autre féerie
Et la mort est mieux habillée!
Dans une bouche de cadavre,
Quelques fleurs se sont faufilées :
Ah! quel printemps nous est promis!
Les trouvailles les plus divines,
La danse aux chapelets de mines
Jusqu'aux plus beaux râles enfouis
Trop souvent dans les chambres closes,
Ici présentés en plein vent,
Le dernier vent de toutes choses!
— Faisons la terre à notre image
Dévastée... et que le sang
Circule autre part qu'en nos corps,
Qu'il baigne aussi ces pâturages,
Qu'il ne soit qu'un seul élément...
— Serre les dents, dit un jeune mort.

GUERRE

Ils ont beau faire, avec leur drame et ses héros,
Leur droit de guerre, leur virile beauté de guerre,

Dans la douce nuit d'ardoise où les rigoles d'eau
Rouillée, comme aux basses prairies d'hiver,
Coulent... Ils ont beau faire, avec leur tragédie,
On n'a plus besoin de noblesse pour la jouer,
Et d'horribles acteurs y excellent, qui manient
En sacrificateurs et en sacrifiés
Tout aussi bien la haine et ses dieux, que la gloire
Et ses dieux — pour que vivent des choses plus grandes...
Ils ont beau faire, avec la prodigieuse montée en ligne des [chars,
Et les fusées à trois étoiles vertes qui descendent,
Et la chair anonyme, la terre qui se transforme,
Le demi-mort qui siffle son dernier air :
« Y aura des poissons dans tout ce sang d'homme!
« Y aura des poissons comme dans la mer! »
Et la joie d'allumer des incendies à toute distance,
Et l'on se bat pour la possession d'un cadavre
Ou d'un jardin de roses avec la même violence...
Ils ont beau faire — je cherche un jeu plus grave :
Qui mettre au monde intérieur en ce moment?
Je cherche un jeu plus éternel et plus tragique :
D'où surgissent au cœur ces nouveaux habitants
Qu'on présente à la mort? — sur le thème ironique :
« Ainsi joue, joue, joue le petit Adam! »

INCENDIE DE TESS

Tess brûle! Qui porte la grâce de l'incendiaire?
Est-ce un suicide magnifique? un meurtre? un jeu?
Lequel est le plus beau de Tess ou de ce feu?
Tess brûle — avec la terre...

Celle-ci doit reluire à de grandes distances;
Le veilleur sur une autre planète peut voir
Avec étonnement, la flambée rouge et noire
De son incandescence.

Maintenant, elle fait sa lumière elle-même,
Et sans besoin d'aucun soleil, jusqu'à la fin...
Devant la braise, allons faire danser nos mains,
O comédie suprême!

Tess brûle! Viens nourrir l'incendie de ton souffle!
Une flammèche de ce monde en guerre l'atteignit;
Aidons-la, pour que tout ce soir soit bien détruit,
Et que la cendre étouffe...

II

Concerts sur terre

Aux amis de captivité.

PREMIER CONCERT

Mais que puis-je espérer transfigurer en fête ?
Mon plus beau privilège est à moitié mourant,
Et tout autour de moi rôdent encor des vents
Qui n'ont plus leur souplesse ou leur soyeux de bêtes.

Et qui voudrait les caresser ou les dompter ?
Les miens portaient en eux d'admirables visages,
Des yeux tout étonnés, des pensifs et des sages,
Ceux qui jouaient la peur de moi pour plaisanter ;

Et ceux qui souriaient, ceux qui mordaient la chair,
Ceux qui faisaient l'hiver parce que je l'aimais,
Comme il n'était pas là... L'hiver, c'est le premier,
La véritable nuit indéfinie d'hiver...

✡

Et sa consolation, la rendrai-je au bouleau
Sur lequel ont erré mes yeux, quelques secondes,

Celles qui ne pouvaient être à ce point profondes
Que bercées par un frémissement de bouleau.

On pressent au delà d'autres plaisirs humains
Qui battent; mais il faut des frissons et des danses
Très proches aux captifs, car ils ont un silence
Un peu trop douloureux quand il se tend au loin.

Est-il même assez près de moi, mon arbre ami ?
Car la tristesse est bien la tristesse de l'homme,
Qui se déchaîne à mort contre le cœur — comme
Si elle avait peur d'être vaincue par lui...

✡

Quand on accède aux champs attenant à la mort,
Quand on devient seigneur sur ses frontières
Striées d'extraordinaires splendeurs, de transports
De joie, quand on est souverain des terres
Qui viennent de passer du plus beau des dangers
Au plus tranquille état de grâce,
Voilà que montent des bonheurs presque étrangers,
Tant ils viennent de loin, par des crevasses
Oubliées, engloutir l'espoir d'apaisement.
Il faut être alors l'homme qui domine
Cette mélancolie de partout renaissant,
Et la pacifiante attirance divine,
Faire front, embrasser dans un cœur bienheureux
Le sens et la passion de vivre encor,
D'être bouleversé de beaux chocs lumineux,
Et d'attendre tout de la mort...

✡

Si j'étais triste ici, à qui le dirais-je ?
A qui le confierais-je, même au delà,
Qui m'ait aimé jadis ? A qui le crierais-je ?
Ne sont-ils pas tous fermés comme moi ?

Et pour consolateur, il faudrait tout un être,
Rien qu'un, mais prédestiné à m'aimer...
C'est beaucoup trop tard pour l'amour à naître,
On ne supplie pas l'amour déjà né.

Prédestiné au bercement continuel
Qui fiance des reflets avec le ciel.

✡

Pas une jeune fille où reposer la tête,
Pas même un parcours d'âme où m'échapper,
Où je puisse étouffer cette voix inquiète
Insinuant que je me suis trompé.

Mais comme ce sculpteur qui bâtit la chaussée
Pour amener à lui le marbre des carrières,
Je lance de longues jetées de pensée,
A mon ferment enfoui je donne la matière.

Tout peut changer ou dériver autour :
Un poète est dressé devant son propre jour !

✡

Prendre chair de l'oiseau, pour savoir le bonheur
Du cygne, du faucon, de la fauvette des roseaux;
Trouver toujours le monde entre son cri de peur
Et son ravissement : mais il n'est plus d'oiseaux...

Prendre le cœur, l'aubier, même l'écorce tendre
Du hêtre, ou des vertigineux mélèzes d'autrefois;
Mener la continuelle incarnation, descendre
Pour rejaillir : mais les arbres ne sont plus là...

Descendre pas à pas tous les degrés de l'asphyxie,
Pour rejaillir, dans le reniement et l'oubli...

TROISIÈME CONCERT

✡

Concert sur terre ? Drôle de terre!
Faite de cœurs... en est-ce bien ?
Ah! il devient trop inhumain
D'être homme! — il faut extraire
La musique de là, de là, me dites-vous ?
Mais qui est jeune encore, et s'élève sans peine ?
Qui ne se recourbe pas à mi-hauteur ?
Qui peut jeter sa voix debout ?
Ils ont mangé toutes les sueurs,
Respiré toutes les haleines

Et savouré cette saveur humaine
Qui n'a pas d'arrière-goût...

✡

Ils pataugent au fond de songeries géantes,
Dans les vallées aux flancs schisteux et nus.
Les mythes qu'ils voudraient féconder se balancent
Avec une ironie de nuées au-dessus,
Prenant mal l'homme et sa vieille semence.
— La terre était moins triste avant votre naissance,
Seigneur, quand vous étiez vraiment un inconnu...

✡

Jamais le temps ne fut plus tragique, et jamais
On n'avait tant erré de l'esprit, et jamais
Le sang n'a brûlé tant de mains, et jamais
On n'a tant magnifié le mal, et jamais
Le sang et le mal n'ont pourri aussi vite.
Les Dieux abjects boivent à notre honneur!
Comme des verres se choquent les mythes :
Tels Dieux, telles douleurs...

✡

La Terre perdrait son dernier enfant
Qu'elle ne crierait pas un cri de mère,
Mais un long hurlement triomphant
Parce que son suicide serait proche...

✡

Si peu d'amour à répandre,
Tous les cratères sont pleins.
La grande giboulée remonte au ciel de cendre.
Tout s'écoule entre homme et rien.
Il faudrait bien qu'une autre âme vivante
Recueillît tout ce qui se débat
Contre l'indifférence et l'épouvante...
— Mais ce serait trop beau pour moi.

QUATRIÈME CONCERT

✡

Il n'est pas de chambre en mon cœur
Où tu ne puisses t'endormir;
Il n'est pas de vent sur ma terre
Où tu ne puisses pas courir;
Il n'est pas de joie de naguère
Que je ne puisse pas t'offrir...
Trente ans pour être transparent!
Oh! Annie, même pour la Grâce,
C'est dans ton ciel, quand elle passe,
Que je la rejoins maintenant.

✡

Ne me crois pas un enchanteur...
— Ou bien tu es l'enchantement
Qui a d'abord saisi mon cœur.

Je savais jouer de ses fibres,
Je n'ose y toucher maintenant,
Elles sont trop tendues vers toi !
Tu peux seule y poser les doigts
Si tendrement qu'elles ne cassent.
Tu es leur seule note humaine,
Petite fée, leur seul appel
Féerique, petite grâce,
La seule âme qui sous le ciel
Puisse être ma musicienne...

✡

Je suis le fiancé de celle
Qui naquit au bord de la mer
Le long des haies rongées de sel.
Elle y jouait dans la lumière,
Et je l'ai prise à sa lumière
Afin qu'elle soit ma lumière,
Si triste devenait mon ciel...

✡

Mais lorsqu'en moi je m'abîmais,
Que je trouvais mes créatures,
Je ne pouvais pas les aimer
De mon baiser de mon regard,
Et tout mon amour en criait...
Et je me cachais sa blessure,
J'en étouffais le désespoir,
Car je me peuplais de tant d'êtres
Et je me donnais tant de voix
Que j'en ai mal souffert peut-être;

Et pourtant il criait parfois.
Quand, Annie, tu m'es apparue
Comme un poème inespéré,
Quand je t'ai prise et reconnue
Pour celle qui donne le jour,
J'ai compris que Dieu désirait
Que je fisse un monde d'amour...

✡

Je voudrais tant que ma joie fût heureuse,
Puisqu'elle vient de s'incarner,
Et toutes les autres demeurent...
Ah! puisses-tu descendre en mon âme amoureuse,
J'ai tant de zones de bonheur
Qui ne furent jamais données...

III

Le monde d'amour

POÈME PRIVÉ

I

Quelque part dans mon âme, un enfant fut conçu...

Il n'avait pas de signe extraordinaire au front,
Nul vent miraculeux n'avait venté des îles,
Mais les anges en moi l'ont vite reconnu,
Ceux qui venaient du fond bleu des bois, et des fonds
Blancs et dorés des êtres que j'aimais, et du jour
Transparent de la femme que j'aimais, et des mille
Petites étoiles qui formaient mon champ d'amour.

Il n'était pas pareil à mes autres enfants;
Le hasard d'une rue de forêt ou de ville
Ne l'avait pas fait naître; et tous mes habitants
Savaient qu'il n'était pas issu de leurs semences,
Mais dans ma solitude à de grandes distances,
Le seul fils de ce père au plus profond de moi.

Maintenant il prenait ma chair, et ses yeux
Étaient les miens, et la faiblesse de sa chair
La mienne; mais il ressemblait à son père,

Dont je n'ai jamais su le visage en plein jour
Parce qu'il est tourné vers les choses suprêmes,
Et tous deux étaient moi...
Mais aussi le troisième
Que j'avais vu voler sur mon monde d'amour.

Et tous les chants troublés, les appels incompris,
Et les cris qui venaient cependant de ma voix,
Je les voyais enfin se rejoindre, non pas
En cet enfant, mais au delà de lui,
Cette vision perdue par dégénérescence,
Et qu'à mon éternel besoin de connaissance,
Il révéla, pour la joie de l'esprit...

II

Ah! qu'il serve à l'intelligence de soi-même!
C'est la fin du voyage — et de là contempler...

Le père dit : « Descends, visite mon domaine,
Je ne suis pas content de ceux qui l'ont peuplé.
Il est passé, le temps des oiseaux lumineux,
Ils se sont dispersés dans une nuit commune!
Dépassé, l'âge des nids de petites filles
Et des coureurs géants des neiges, des beaux œufs
Couvés par le côté ténébreux de la lune!

Ne souffle pas par désespoir sur ces fossiles,
Car tu ne pourras rien ressusciter en eux.

Il est aussi passé, l'âge des créatures!
Ayons les hommes maintenant pour habitants,

Car nous ne mettrons plus au monde des enfants
Privés, pour notre délectation obscure. »

— « Dois-je prendre au hasard d'un monde à la dérive
Ceux qui s'agripperont à ma tête mouillée
Qui conçut un tel rêve et ne peut plus en vivre ?
La nature n'a plus le cœur d'émerveiller,
Car elle se déçoit et se cache pour faire
Des êtres adorablement beaux... Des noyés
Remplaceront alors tes porteurs de lumière... »

Il répondit : « Mon univers n'est pas une île,
Mais un lieu de la mer tout autour d'un aimant,
Qui s'étend, se contracte et nage dans le temps ;
La mer nous environne et nous sommes la mer,
Et ce champ d'âme sans limites qui vacille
Bien au delà de nos frontières de la chair. »

— « Quels sont les habitants de ce lieu d'eau sans forme ? »

« Tous ceux que l'on engendre en nous, et qui nous [hantent,
Ceux que nous engendrons au cœur des autres hommes,
Car nous sommes comme eux des trinités errantes. »

III

Alors il descendit sur la terre bondée
A la recherche des peuplades demandées.

Des vieilles femmes éteintes sous le soleil,
(Le plus terne sera toujours le plus humain!)
Et des passants le virent s'écrier soudain :

« Vous avez consommé toutes joies en orgueil!
Vous ignorez comment on fait naître en paroles,
Vous faites l'amour d'âme à tort et à travers! »

« Où vont ces mots », dit-il encor, « quand ils s'envolent
De moi pour pénétrer vos petits univers
Intimes ? ils suscitent des idées obscènes...
Si vous saviez ce qu'est un esprit, ce qu'est même
Un regard, vous créeriez de la vie tout le temps!
Vous faites tant de morts dans vos engendrements! »

Il lisait leurs pensées à l'ironie de leurs sourires.

« Chacun de vous a bien perdu son père en lui,
Et ne le trouve plus; a perdu son esprit
D'amour, ou l'a tué; qui devait le conduire
A travers les palais ou les ravins des autres,
Les paysages d'amitié, riches ou pauvres,
A ce père contemplatif du fond de soi. »

« Mais que contemple-t-il ? » lui demanda la foule.

« Recueillez ma semence d'esprit qui s'écoule!
Si vous viviez sur lui, vous sauriez ce qu'il voit
Dans sa demi-clarté, car il n'est pas lumière :
C'est votre ressemblance avec le beau mystère! »

Ils voulaient le frapper pour punir ce blasphème.

« Veillez plutôt l'enfant », leur dit-il, « qui naîtra
De ma parole au plus intime de vous-mêmes,
Et vous vivrez alors ce qu'on ne comprend pas! »

ANNIE

Lorsque je t'embrasse endormie,
Où va mon baiser dans tes songes?
Raconte-moi s'il se prolonge,
Si je t'apparais, mon Annie,
Quels que soient les champs où tu cours,
Et leur musique, et leur berceuse,
Comme le poursuivant d'amour
Qui veut te rendre bienheureuse...

NOCES

Lorsque je vais vers toi de toute ma chair,
Refaisant l'admirable dessin de la femme
Avec les lèvres et les mains, la lumineuse
Prise de ton corps vierge dans le mien,
Il n'est pas d'autre mer pour le fleuve que je suis,
D'autre ciel pour le cri de bonheur que je suis,
D'autre champ pour le germe d'amour que je suis,
Et je ferme le corps que nous faisons ensemble.

Et je peux à la fin déborder de mon être,
A ton ventre et ta gorge, estuaires de la vie,
Et nous reprenons souffle l'un dans l'autre, au vent
Venu des plus profondes vallées sensuelles,
Et nous sommes du rythme éternel retrouvé!

Parce que d'un baiser tu changes tout un monde,
Que j'anime les grandes forces pures de ta chair,
Qui n'avaient pas, enfouies, trouvé leur plénitude,
Et qu'au travers de l'instant nuptial, je sais être
Sur l'immense courant qui joint les solitudes
Des hommes depuis toujours, et la solitude divine
A la leur, et tout près, cette solitude de nous-mêmes,
A celle de la vie que nous faisons éclore.

Et qu'au delà de mon amour, mais bien en lui,
Je refais l'admirable dessin de ton âme
Tel qu'il fut au sourire divin, avec les sens
De l'âme errant sur elle comme mes mains
Sur ton corps, pour retrouver celui qui m'a fait naître,
Au delà de cet engendrement indéfini de pères
Jusqu'à l'enfant qui nous ressemblera...

RETOUR DU FILS

Ne parle pas, il sait que tu es amoureuse,
Prends le petit enfant dans tes bras devant lui.
— Parce qu'il va me demander à quelles causes

Je me suis sacrifié, quels chemins j'ai suivis,
Et sur ma nudité quelles sont mes blessures.

Il voudra deviner ce que j'ai fait du feu,
Si j'ai brûlé ou ranimé des créatures,
Si le bonheur de l'homme était bien mon enjeu...
Ne plaide pas pour moi, c'est moi qui lui dirai
Que tu es le retour des anciennes merveilles :
Dans mon enfance, il y avait tant de rosées
Sur les prairies, que la tristesse et le soleil
Ne me semblaient jamais pouvoir les épuiser;
Tant de musique dans mon cœur et sur la mer,
Que pour l'entendre, il faudrait bien toute une vie;
Tant d'espérance en mon étoile, que la nuit
Et les grandes nuées charbonneuses étrangères
Jamais n'auraient le temps de lui faire du mal;
Pas un bonheur d'enfant n'aurait pu résister.

Mais les reines-des-prés ont su la sécheresse
Dans les prairies, les oiseaux de mer ont quitté
Mon sillage, ou plutôt ont crié de détresse,
Et tu sais bien le vacillement des étoiles...

Alors je veux finir cette histoire avec toi,
Cette histoire impossible d'une vieille engeance
D'enfants qu'on ne peut pas tenir entre ses bras,
Mais quand même la clore avec une naissance...

J'ai voulu engendrer un être de mon sang
Pour qu'il soit une lueur à la dernière scène
De cette tragédie, pas trop loin en avant,
Et qu'un enfant s'évade à la fin de moi-même...

S'il me demande alors : Avais-tu donc besoin
De te lancer tellement jeune à marée haute
Vers les gouffres de mer et du mystère humain,
Pour ramener, à la ressemblance des autres,
Un seul amour de femme afin de m'attendrir ?

Mais il ne dira rien, comprenant le voyage
Qui continue dans le sourire d'un visage :
Il prendra le petit enfant pour l'endormir...

LE DERNIER LEVER DU JOUR

Ils avançaient par une région de cratères,
Un sol noir, volcanique et cendreux; ils savaient
Que la nuit sur ce monde était bien la dernière,
Et que le jeu pourtant n'était pas achevé :
« Nous n'avons ni gagné, ni perdu la partie,
On n'en juge qu'à l'heure extrême de la vie,
Mais la fin de ce temps est quand même arrivée. »

L'un dit : « Il faut beaucoup espérer de l'aurore!
De ces collines dénudées, nous la verrons;
Les astres souterrains que nous laissions éclore
Ne nous faisaient pas prendre le monde en passion;
Nous l'avons préparée, elle pourra parfaire...
Ah! nous pensions jadis qu'en incarnant la terre,
Nous y verrions assez d'amour : nous nous trompions... »

« Il reste une heure avant cette ultime espérance »,
Dit l'autre, « étalons donc nos cartes en veillant;

Notre jeu sur ses fins court sa dernière chance
Qui peut tout transformer et nous faire gagnants;
Car elle semble mûre à la fin, cette argile,
Mûre de tant de morts, de souffrances, d'exils,
Qu'elle a peut-être purifié tous ses enfants. »

Ils s'assirent à la lumière d'une étoile :
« C'est le cœur du Scorpion, étonnamment ouvert,
Et depuis si longtemps, à son lever austral,
Il règne sur ma nuit et mes rêves déserts;
Ceux qui naissent alors ont l'âme malheureuse,
Les savants l'ont nommé la plus prodigieuse
Source de lumière rouge des nuits d'hiver.

Compagnons de folie, c'est un mauvais présage!
Ne cachons rien de nous, c'est trop tard pour mentir » :
— « J'ai eu peur de l'horreur des hommes de cet âge,
Et je suis mort en moi pour ne pas en mourir. »
« Je n'ai pas dépassé les choses favorites,
Je ne m'éloigne pas des charmes que j'habite,
J'ai fait un univers avec tous mes désirs. »

— « J'ai laissé ma parole errer parmi la terre :
Elle a pris en confidence certains passants,
Mais ils l'ont écoutée comme une âme étrangère,
Et se sont détournés en disant tristement :
Nous n'avons pas besoin d'une voix prophétesse,
Mais d'un peu de pitié, de beaucoup de caresses;
Nous avons bien trop mal pour écouter des chants. »

Ils surveillaient la longue brume horizontale,
L'aurore était tardive et rien ne l'annonçait,

Sinon cette clarté mourante de l'étoile
Qui maintenant comme un soleil s'élargissait,
« Est-ce vrai », disaient-ils, « qu'il ne faut rien attendre
Que le lever du jour n'est que cette sanglante,
Nostalgique lueur de paradis passé ? »

« Elle est devenue rouge en reflétant la terre »,
Dit l'un. — Mais le second : « Elle noie toute horreur
Dans la mélancolie de sa propre lumière. »
— « Vous n'avez rien compris », dit l'autre, à sa lueur.
De quelle teinte voulez-vous qu'elle apparaisse ?
C'est d'elle seulement que les amours renaissent;
Pour devenir des dieux, commençons par le Cœur.

Alors le jour monta dans le fond des trois hommes :
Ils connurent le sens du long parcours divin,
Et comment un mystère d'amour se consomme
En paraissant mourir et s'éteindre à la fin.
Ils s'allongèrent pour dormir, la face au ciel;
Il faudra maintenant substituer l'Éternel
A ces fils de moi-même errant sur les chemins.

ÉPILOGUE

L'Enfer

Il passe un vent de toute beauté sur l'Enfer...

(Un vent de brume à la hauteur de nos poitrines,
Il suffit que nos deux seuls regards le dominent,
Et le ciel au-dessus est bienheureux et clair)

Je vais savoir la fin de chacun de leurs mondes,
Le point crucial d'un jeu dont ils sont ignorants,
Leurs yeux vagues, aux intermittences profondes,
Ces beaux yeux de dormants qui guettent, grand ouverts,
Notre venue avec le vent...
                                        Pour seulement
Une vision d'Enfer, un essor, un coup d'ailes
Que nous allons donner au milieu de leur nuit,
La splendeur de planer bien au-dessus des terres,
Une seconde, Fauln, d'extase sensuelle
En entendant monter, de mes morts endormis,
Ce long frisson vers le sillage de lumière
Que nous laissons...
                                Pourtant l'heure sera tranquille;
Ils ne peuvent crier puisqu'ils sont de silence,
Que ces sentiers noyés et méconnus de nous

Étaient peuplés, bien avant eux, par ma présence...
Je suis toujours en moi, si je m'attends encore!

(Je prends le lit du vent, la voie la plus facile
Pour ne pas dériver entre tant de remous,
Ne pas nous engouffrer dans le creux d'une aurore;
Il peut en rencontrer le long de son chemin,
Je les éviterai, sachant d'autres passages,
Et Fauln, pour un tel vol où mon amour t'engage,
Tu vas mettre tes battements d'ailes dans les miens!

Mais ai-je vraiment l'air de défaillir de fièvre?
Je devine l'horreur de ces bas-fonds de moi,
Par grâce j'ai passé l'âge des peurs mortelles...)

Alors comprends ma hâte et ma joie de partir,
J'ai des mots de tendresse incrustés sur mes lèvres,
Le souvenir revient déchirant, de ces voix
Oubliées, et j'entends mon peuple qui m'appelle
Sur je ne sais quels sens qui ne peuvent trahir,
Mon peuple, mon beau peuple aimé jusqu'à l'absence...

Penche-toi plus avant si tu veux découvrir
Quel amour je contiens au fond d'un âme close
Pour cet enfer où je te convie cette nuit,
Ce lieu d'un univers dont je suis l'existence,
Ce champ de morts en moi qui reste sans mourir...
Écoute : es-tu certain d'entendre quelque chose?
C'est le vent : il est prodigieux dans ces pays
De ténèbre. Écoute encor : tu te sens toi-même
Respirer, toi-même haleter, et lentement
Prendre cette nature effrayante et suprême...
Ainsi faut-il aller vers ces autres vivants,

Mais je ne change pas la voix de mon désir,
La voix insinuante et veuve et familière,
Cherchant le plus beau mal, sans fin, pour en jouir...

Car moi, j'avais d'abord mon royaume sur la terre!

Damnation de Lorenquin

(Le ciel peut-être encor plus bas que de coutume,
Lorenquin autrefois forçait son seuil fermé
Pour des enfants perdus dans des siècles de brume
Qui n'avaient pas aimé ce qu'il fallait aimer)

Car lui, rappelle-toi qu'il fut d'ombre divine,
Qu'il s'est détaché seul sur un temps hasardeux,
Qu'il a donné aux vagues une discipline,
Qu'il a mené le rêve obscur des origines
Vers les hauteurs confidentielles de mon Jeu...

Qui tressaille ? est-ce moi, si ce n'est mon prophète ?
Je croyais partager les remous de son sang,
Le regard qu'il jetait aux compagnons de quête,
Passionnés jadis par son univers blanc,
D'une telle blancheur d'espérance et de fête
Que paraissait obscur le monde d'un enfant.
Fais comme lui ; tu vas te recouvrir la tête,
Dérouler lentement la sonde à fond perdu,
Et si des récifs roses de corail l'arrêtent,
C'est que certains recueillements sont défendus.
Il les a dépassés pour chercher la sagesse,

Comme il m'a dépassé... je ne l'ai pas suivi...
Hélas! ma jalousie est en pleine détresse!
Il ne serait pas là, si j'avais été lui...

De Lorenquin à moi, par cette résonance
Qui mêle mon destin fatalement au sien,
Par les empreintes sur la neige ou le silence
Que je vais reconnaître au vierge du matin,
Était-il une vraie complicité naguère?
Je vois tous ses arrêts, sa marche, ses repères,
La montée dans un ciel où les anges séjournent...
Mais j'étais son témoin, et lui le voyageur...

Ah! les créations de l'homme, qu'elles tournent
Aisément à la honte de leurs créateurs!

Tu le sais bien : à la genèse de ce monde,
Je régnais. Sur la mer calme, parmi les îles,
Je régnais. J'étais cette ambiance tranquille
Et cette indifférence des choses profondes,
Dans un rêve d'enfant l'irréel de son corps.

Maintenant, Fauln, écoute plus intensément :
Cet univers privé qui prenait son essor
Recouvre des échos déjà bouleversants :
« Nous en avons assez d'être toujours stériles,
De ne pas exister vraiment à nos hauteurs!
Puisque nos tentateurs ont des âmes trop viles
Nous irons attaquer ces grands fascinateurs
Issus de la folie suprême de connaître. »

Et Laurent de Cayeux qui disait à son maître :
« Je suis trop attentif pour n'avoir pas compris

Ce qui demeure impur dans une intelligence
Le beau péché du monde est celui de l'esprit! »

Il ne l'a pas commis, je suis sans complaisance
Ce n'est pas lui qui souffre, mais ma jalousie,
La haute jalousie par laquelle on est grand,
Le besoin de beauté qui toujours nous démange,
Et l'âme révoltée de n'être pas choisie
Comme lieu favori de descente des anges.

Passons, passons : l'Enfer, il est si différent
Selon mes morts... surtout, selon mon mal vivant...

Le Christ de la fin du monde

I

Une grand-route indéfinie où les morts roulent,
Chacun avec son petit globe argent de lune
Ou gris de crâne, ainsi que des joueurs de boules.

Insectes porteurs d'œufs, procession nocturne
De ces bêtes à cœur touché jadis par Dieu :
Sur leurs bulles d'amour, pas un reflet d'écume.

Et pas une luciole, une braise — ou si peu...
Les enfants aux ballons bariolés des villes,
Qui n'ont pas encor l'âge d'être lumineux,

Reluisent plus que ces passants... Des pauvres brillent,
Çà et là, mais si peu... Les autres indistincts
Semblent bien revenus à leurs pères fossiles.

Ils ont dû renoncer à devenir divins,
Puisque leurs feux, si près de l'éternel, s'éteignent :
Ils ne comprennent pas où mène ce chemin.

Ah! c'était bon de croire à la grandeur humaine!
Mais la terre s'est obscurcie en vieillissant :
Pas même une lueur au bord des plaies qui saignent...

Les mouches seulement renaîtront de ce sang
Pour la Grande Messe Dorée des créatures :
C'est la résurrection des êtres de ce temps :

Une plaine dorée, et des mouches obscures...

II

Les plus hautes marées de fin du monde assiègent
Dans cette dernière île émergeant de la nuit,
Les survivants autour d'un Christ géant de neige.

Le grand hiver des corps s'étend indéfini,
On n'attend même plus d'aurore boréale
A l'horizon de ce vieux monde à l'agonie.

On n'attend même plus le lever des étoiles
Au cœur, on veut surtout hâter le dénouement,
Mais les cris montent morts vers le Dieu glacial.

Car la terre, elle en est au dernier battement,
Les derniers yeux transis recherchent la naissance
Du paradis promis à la chute des temps.

« Quand tu en étais là, défaillant d'espérance,
N'as-tu pas dit qu'un autre ciel se montrerait ?
Et nous sommes fidèles malgré ton silence...

La fin du monde est bien de tout être en secret,
Mais nous qu'on a choisis pour le plus grand passage,
Allons-nous voir ta création transfigurée ? »

Les hautes marées humaines crient le naufrage
De l'Éternel traqué partout jusqu'à la mort,
Car le Beau Dieu de neige est tombé sous leur rage...

Et s'apaise la mer, blanchit, et c'est l'aurore...

III

Un ange de Grande Passion, en coup de vent,
Rase une plaine dévastée, d'un rouge sombre,
Mais surpris par quels yeux, et de quel survivant ?

Les arbres rares sont par couples, ombre à ombre;
Cette nuit se sont relâchées les grandes lois :
Je jure qu'il n'est plus une musique au monde.

Mais au-dessus c'est l'heure attendue où des voix
Qui rendent un son d'orgue, et celles qui résonnent
D'une vibration de cuivre ou de hautbois,

Et celles qui vibrent comme les branches d'ormes
Au-dessus des forêts, ou les gorges de pierre,
Ou les longues crêtes d'écume qui frissonnent,

Cette harpe de mer qui jamais tout entière
N'est accordée, les âmes dans le jour doré
Prennent leur rythme enfin sur la seule lumière,

Rendant la Grâce par des sens qu'ils ignoraient,
La musique du monde enfin sur son vrai thème,
Et la vie à la vie qui s'en retourne à l'Adoré!

Le Grand Concert, et le Céleste, et le Suprême,
Perçu dans une mort, comme la fin des temps
Est celle de chaque créature en soi-même,

Quand elle arrive aux lieux où seul l'Amour s'entend...

LA VIE ET L'ŒUVRE DE PATRICE DE LA TOUR DU PIN

Patrice de La Tour du Pin est né le 16 mars 1911 à Paris. Son père est tué à la bataille de la Marne, dès le début de la guerre. Toute son enfance se passe entre sa grand-mère, sa mère, sa sœur et son frère aîné à Paris et au Bignon-Mirabeau, dans le Gâtinais.

Il fait ses études à Sainte-Croix de Neuilly, puis à Janson, et entre à l'École des Sciences Politiques : c'est alors qu'il écrit La Quête de joie. *Supervielle, à qui il a porté son manuscrit, remarque les « Enfants de Septembre » et fait publier le poème dans la* N.R.F.

La Quête de Joie *paraît en 1933, aux éditions de la Tortue. Sur l'invitation d'Armand Guibert, directeur des éditions de Mirages à Tunis, il publie* L'Enfer *(1935), puis* Le Lucernaire *(1936).*

Viennent ensuite divers fragments de sa Somme de poésie : Le Don de la Passion *(1937, Cahiers des poètes catholiques), les* Psaumes *(1938, Gallimard),* La Vie recluse en poésie *(1938, Plon),* Les Anges *(1939, Monomotapa, Tunis), enfin une nouvelle édition de* La Quête de joie *(1939, Gallimard).*

A la guerre de 1939, il est fait prisonnier le 17 octobre et reste trois ans en Allemagne.

Au retour, il épouse sa cousine, Anne de Bernis (octobre 1943), et se remet à publier des fragments de la « Somme » : Deux chroniques intérieures *(Seghers, 1945),* La Genèse *(Ides et Calendes, Neuchâtel, 1945),* Le Jeu du Seul *(Gallimard, 1946),* Les Concerts sur terre *et* Les Contes de soi *(Laffont, 1946). La même année, il rassemble tous ces livres dans* Une Somme de poésie *(Gallimard), premier tome d'un ensemble dont les trois volumes connaîtront une nouvelle édition revue en 1981-1983.*

Après la fin de la guerre, il vit au Bignon avec sa femme et ses quatre filles, travaillant au Second Jeu, *le tome II de sa « Somme ». Jusqu'à la parution de ce dernier (Gallimard, 1959), il se manifeste très peu, ne publiant que son début,* La Contemplation errante *(Gallimard, 1948), et de très brefs recueils de poèmes :* Un bestiaire fabuleux *sur des illustrations de Jean Lurçat (Darantiere), un* Noël des Eaux *(Ides et Calendes, 1951), une* Pépinière de sapins de Noël *avec les illustrations de son ami Jacques Ferrand (Gallimard, 1957).*

C'est alors qu'il s'installe à Paris ; en 1963, il publie le Petit Théâtre crépusculaire *(Gallimard), qui est le début du tome III de sa « Somme », et, en 1964, il est invité à faire partie de la Commission liturgique de traduction.*

En 1970 paraît Une lutte pour la vie *(Gallimard), suivi, en 1974, de* Psaumes de tous mes temps *(Gallimard).*

Patrice de La Tour du Pin meurt à Paris le 28 octobre 1975.

TABLE

LA QUÊTE DE JOIE

PETITE SOMME DE POÉSIE

PRÉLUDE

I

LE JEU DU SEUL AU ROYAUME DE L'HOMME

II

L'ÉCOLE DE TESS

III

LA MISE AU MONDE D'AMOUR

ÉPILOGUE

DERNIÈRES PARUTIONS

152. Pierre Reverdy — *Ferraille.*
153. José-Maria de Heredia — *Les Trophées.*
154. Théophile Gautier — *Émaux et Camées.*
155. Ossip Mandelstam — *Tristia.*
156. *** — *Anthologie de la poésie chinoise classique.*
157. Paul Éluard — *Une leçon de morale.*
158. Yves Bonnefoy — *Poèmes.*
159. Giacomo Leopardi — *Canti.*
160. Max Jacob — *Derniers poèmes en vers et en prose.*
161. Edgar Poe — *Poèmes.*
162. Victor Hugo — *Les Chansons des rues et des bois.*
163. Émile Verhaeren — *Les Campagnes hallucinées. Les Villes tentaculaires.*
164. Pierre Mac Orlan — *Poésies documentaires complètes.*
165. François Malherbe — *Poésies.*
166. Alain Bosquet — *Sonnets pour une fin de siècle.*
167. Lorand Gaspar — *Sol absolu.*
169. Victor Hugo — *Les Chants du crépuscule. Les Voix intérieures. Les Rayons et les Ombres.*
170. Maurice Fombeure — *Les étoiles brûlées.*
171. Emily Brontë — *Poèmes.*
172. François Pétrarque — *Canzoniere.*
173. Louise Labé — *Œuvres poétiques.*

174. Jules Romains — *La Vie unanime.*
175. Édouard Glissant — *Le sel noir.*
176. Jean Cocteau — *Vocabulaire. Plain-Chant.*
177. Claude Roy — *Sais-tu si nous sommes encore loin de la mer ?*
178. Marceline Desbordes-Valmore — *Poésies.*
179. Jean Follain — *Usage du temps.*
180. Marie Noël — *Les Chansons et les Heures.*
181. Maurice Maeterlinck — *Serres chaudes. Quinze Chansons. La Princesse Maleine.*
182. Pablo Neruda — *Chant général.*
183. Maurice de Guérin — *Poésie.*
184. André Frénaud — *La Sorcière de Rome.*
185. Federico Garcia Lorca — *Suites. Sonnets de l'amour obscur.*
186. Maurice Scève — *Délie.*
187. Georges-Emmanuel Clancier — *Le paysan céleste.*
188. Victor Hugo — *La Fin de Satan.*
189. Goethe — *Le Divan.*
190. Marguerite Yourcenar — *La Couronne et la Lyre.*
191. *** — *Anthologie de la poésie française du XIXe siècle.*
192. Paul Claudel — *Art Poétique.*
193. Philippe Soupault — *Georgia. Épitaphes. Chansons.*
194. Victor Hugo — *L'Année terrible.*
195. Nicolas Boileau — *Satires. Épîtres. Art poétique.*
196. Jorge Luis Borges — *Œuvre poétique, 1925-1965.*
197. Alain Bosquet — *Poèmes, un.*
198. Pierre de Ronsard — *Les Quatre Saisons.*
199. André Frénaud — *La Sainte Face.*
200. Eugène Guillevic — *Du domaine. Euclidiennes.*
201. Henri Michaux — *Plume.*
202. Charles Leconte de Lisle — *Poèmes barbares.*
203. Victor Segalen — *Odes. Thibet.*
204. Charles Péguy — *Le Porche du mystère de la deuxième vertu.*
205. Michel Deguy — *Poèmes II (1970-1980).*
206. André Salmon — *Carreaux.*
207. Robert Mallet — *Quand le miroir s'étonne.*

208. André Gide — *Les Cahiers et les Poésies d'André Walter.*
209. Rutebeuf — *Poèmes de l'infortune.*
210. Henri Michaux — *Ailleurs (Voyage en Grande Garabagne. Au pays de la Magie. Ici, Poddema).*
211. Jean Tardieu — *L'Accent grave et l'accent aigu.*
212. Jean-Paul de Dadelsen — *Jonas.*
213. Clément Marot — *L'Adolescence clémentine.*
214. Fernando Pessoa — *Le Gardeur de troupeaux* et les autres poèmes d'Alberto Caeiro avec *Poésies d'Alvaro de Campos.*
215. Georges Ribemont-Dessaignes — *Ecce Homo.*
216. *** — *Anthologie de la poésie française du XVIIe siècle.*
217. Henri Michaux — *La nuit remue.*
218. Virgile — *Géorgiques.*
219. Jules Supervielle — *La Fable du monde. Oublieuse mémoire.*
220. André Frénaud — *Les Rois mages.*
221. Jacques Réda — *Amen. Récitatif. La tourne.*
222. Daniel Boulanger — *Retouches.*
223. Alain Bosquet — *Un jour après la vie.*
224. Henri Michaux — *Connaissance par les gouffres.*
225. Boris Pasternak — *Ma sœur la vie* et autres poèmes.
226. Georges Perros — *Une vie ordinaire.*
227. Jacques Roubaud — *ε.*
228. Henri Michaux — *Épreuves, exorcismes.*
229. Georges Séféris — *Poèmes,* suivi de *Trois poèmes secrets.*
230. Pierre Reverdy — *Plupart du temps.*
231. *** — *Chansonnier révolutionnaire.*
232. *** — *Anthologie de la poésie lyrique française des XIIe et XIIIe siècles.*
233. Daniel Boulanger — *Tchadiennes.*
234. René Char — *Éloge d'une Soupçonnée.*
235. Henri Michaux — *La vie dans les plis.*
236. Robert Sabatier — *Les Châteaux de millions d'années.*
237. Norge — *Poésies 1923-1988.*
238. Octavio Paz — *Le Feu de chaque jour.*

239. Claude Roy — *À la lisière du temps.*
240. Edmond Jabès — *Le Seuil Le Sable.*
241. Pierre Louÿs — *Les Chansons de Bilitis.*
242. Miguel Angel Asturias — *Poèmes indiens.*
243. Georg Trakl — *Crépuscule et déclin.*
244. Henri Michaux — *Misérable miracle.*
245. Guillevic — *Étier* suivi de *Autres.*
246. Adonis — *Mémoire du vent.*
247. Max Jacob — *Poèmes de Morven le Gaëlique.*
248. Dylan Thomas — *Vision et Prière.*
249. *** — *Chansons françaises de la Renaissance.*
250. Eugenio Montale — *Poèmes choisis (1916-1980).*
251. Herman Melville — *Poèmes de guerre.*
252. André du Bouchet — *Dans la chaleur vacante.*
253. Gaspara Stampa — *Poèmes.*
254. Daniel Boulanger — *Intailles.*
255. Martial — *Épigrammes.*
256. Michel-Ange — *Poèmes.*
257. John Donne — *Poèmes.*
258. Henri Michaux — *Face aux verrous.*
259. William Faulkner — *Le Faune de marbre. Un rameau vert.*
260. Walt Whitman — *Poèmes.*
261. Stéphane Mallarmé — *Poésies.*
262. Yves Bonnefoy — *Rue Traversière.*
263. *** — *Anthologie de la poésie française du* XIXe *siècle,* II.
264. Hugo von Hofmannsthal — *Lettre de Lord Chandos.*
265. Paul Valéry — *Ego scriptor.*
266. Goethe — *Élégie de Marienbad.*
267. Lorand Gaspar — *Égée. Judée.*
268. Jacques Réda — *Les Ruines de Paris.*
269. Jude Stéfan — *À la Vieille Parque.*
270. Rainer Maria Rilke — *Lettres à un jeune poète.*
271. Pierre Torreilles — *Denudare.*
272. Friedrich Hölderlin — *Odes. Élégies. Hymnes.*
273. W.B. Yeats — *Quarante-cinq poèmes.*
274. Bernard Noël — *La Chute des temps.*
275. *** — *Anthologie de la poésie russe.*
276. André Chénier — *Poésies.*
277. Philippe Jaccottet — *À la lumière d'hiver.*

278.	Daniel Boulanger	*Hôtel de l'image.*
279.	Charles Leconte de Lisle	*Poèmes antiques.*
280.	Alexandre Pouchkine	*Poésies.*
281.	Elizabeth Browning	*Sonnets portugais.*
282.	Henri Michaux	*L'Infini turbulent.*
283.	Rainer Maria Rilke	*Élégies de Duino. Sonnets à Orphée.*
284.	Maurice Blanchard	*Les Barricades mystérieuses.*
285.	Omar Khayam	*Rubayat.*
286.	Agrippa d'Aubigné	*Les Tragiques.*
287.	Jean Cassou	*Trente-trois sonnets composés au secret.*
288.	***	*La planche de vivre.*
289.	Pierre Jean Jouve	*Dans les années profondes.*
290.	John Milton	*Le Paradis perdu.*
291.	Pablo Neruda	*La Centaine d'amour.*
292.	Yves Bonnefoy	*Ce qui fut sans lumière.*
293.	Pier Paolo Pasolini	*Poèmes de jeunesse.*
294.	Jacques Audiberti	*Ange aux entrailles.*
295.	Henri Pichette	*Apoèmes.*
296.	Stéphane Mallarmé	*Vers de circonstance.*
297.	John Keats	*Poèmes et poésies.*
298.	Paul Claudel	*Cent phrases pour éventails.*
299.	Louis Calaferte	*Rag-time.*
300.	André Breton	*Poisson soluble.*
301.	David Herbert Lawrence	*Poèmes.*
302.	***	*Les Poètes du Chat Noir.*
303.	Joachim Du Bellay	*Divers Jeux rustiques.*
304.	Juvénal	*Satires.*
305.	Odysseus Elytis	*Axion Esti.*
306.	Nuno Júdice	*Un chant dans l'épaisseur du temps.*
307.	Pentti Holappa	*Les Mots longs.*
308.	Max Elskamp	*La Chanson de la rue Saint-Paul.*
309.	***	*Anthologie de la poésie religieuse française.*
310.	René Char	*En trente-trois morceaux.*
311.	Friedrich Nietzsche	*Poèmes. Dithyrambes pour Dionysos.*
312.	Daniel Boulanger	*Les Dessous du ciel.*
313.	Yves Bonnefoy	*La Vie errante. Remarques sur le dessin.*
314.	Jean de la Croix	*Nuit obscure. Cantique spirituel.*

315.	Saint-Pol-Roux	*La Rose et les Épines du chemin.*
316.	***	*Anthologie de la poésie française du* XVIIIe *siècle.*
317.	Philippe Jaccottet	*Paysages avec figures absentes.*
318.	Heinrich Heine	*Nouveaux poèmes.*
319.	Henri Michaux	*L'Espace du dedans.*
320.	Pablo Neruda	*Vingt poèmes d'amour. Les vers du capitaine.*
321.	José Ángel Valente	*Trois leçons de ténèbres.*
322.	Yves Bonnefoy	*L'Arrière-pays.*
323.	André du Bouchet	*L'ajour.*
324.	André Hardellet	*La Cité Montgol.*
325.	António Ramos Rosa	*Le cycle du cheval.*
326.	Paul Celan	*Choix de poèmes.*
327.	Nâzim Hikmet	*Il neige dans la nuit.*
328.	René Char	*Commune présence.*
329.	Gaston Miron	*L'homme rapaillé.*
330.	André Breton	*Signe ascendant.*
331.	Michel Deguy	*Gisants.*
332.	Jean Genet	*Le condamné à mort.*
333.	O. V. de L. Milosz	*La Berline arrêtée dans la nuit.*
334.	***	*Anthologie du sonnet français de Marot à Malherbe.*
335.	Jean Racine	*Cantiques spirituels.*
336.	Jean-Pierre Duprey	*Derrière son double.*
337.	Paul Claudel	*Bréviaire poétique.*
338.	Marina Tsvétaïéva	*Le ciel brûle* suivi de *Tentative de jalousie.*
339.	Sylvia Plath	*Arbres d'hiver* précédé de *La Traversée.*
340.	Jacques Dupin	*Le corps clairvoyant.*
341.	Vladimír Holan	*Une nuit avec Hamlet.*
342.	Pierre Reverdy	*Main d'œuvre.*
343.	Mahmoud Darwich	*La terre nous est étroite.*
344.	***	*Anthologie de la poésie française du* XXe *siècle,* I.
345.	***	*Anthologie de la poésie française du* XXe *siècle,* II.
346.	Pierre Oster	*Paysage du Tout.*
347.	Édouard Glissant	*Pays rêvé, pays réel.*
348.	Emily Dickinson	*Quatrains* et autres poèmes brefs.

349. Henri Michaux — *Qui je fus* précédé de *Les Rêves et la Jambe* et autres textes.
350. Guy Goffette — *Éloge pour une cuisine de province* suivi de *La vie promise.*
351. Paul Valéry — *Poésie perdue.*
352. *** — *Anthologie de la poésie yiddish.*
353. *** — *Anthologie de la poésie grecque contemporaine.*
354. Yannis Ritsos — *Le mur dans le miroir* et autres poèmes.
355. Jean-Pierre Verheggen — *Ridiculum vitae* précédé de *Artaud Rimbur.*
356. André Velter — *L'Arbre-Seul.*
357. Guillevic — *Art poétique* précédé de *Paroi* et suivi de *Le Chant.*
358. Jacques Réda — *Hors les murs.*
359. William Wordsworth — *Poèmes.*
360. Christian Bobin — *L'Enchantement simple* suivi de *Le Huitième Jour de la semaine, Le Colporteur, L'Éloignement du monde.*
361. Henry J.-M. Levet — *Cartes Postales.*
362. Denis Roche — *Éros énergumène.*
363. Georges Schehadé — *Les Poésies,* édition augmentée du *Nageur d'un seul amour.*
364. Ghérasim Luca — *Héros-Limite* suivi de *Le Chant de la carpe* et de *Paralipomènes.*
365. Charles d'Orléans — *En la forêt de longue attente* et autres poèmes.
366. Jacques Roubaud — *Quelque chose noir.*
367. Victor Hugo — *La Légende des siècles.*
368. Adonis — *Chants de Mihyar le Damascène* suivi de *Singuliers.*

Ce volume,
le vingt et unième
de la collection Poésie,
a été achevé d'imprimer sur les presses
de l'imprimerie Bussière à Saint-Amand (Cher),
le 27 février 2002.
Dépôt légal : février 2002.
1er dépôt légal dans la collection : juin 1967.
Numéro d'imprimeur : 21847.
ISBN 2-07-030158-3./Imprimé en France.

12943